Muttersprache plus

9 Arbeitsheft

Herausgegeben von Viola Oehme

Erarbeitet von
Bärbel Döring, Sabine Mähring, Iris Marko, Antje Viohl

Cornelsen

Muttersprache plus

9 Arbeitsheft

Zu diesem Heft gibt es ein passendes **Schülerbuch** (ISBN 978-3-06-063283-1).

Redaktion: Karin Unfried
Illustrationen: Marie Geißler, Berlin (S. 19, 20, 26, 28, 29); Lars Baus, Münster (S. 65, 68, 72, 80, 82, 85)
Umschlaggestaltung: werkstatt für gebrauchsgrafik, Garding
Umschlagillustration: Dorina Tessmann, Berlin
Layout: lernsatz.de
Technische Umsetzung: PER MEDIEN & MARKETING GmbH

Textquellen: 6 Geldgeschenke. Ausschnitt aus: https://www.baer.bayern.de/erziehung-medien/erziehung/umgang-geld-konsumerziehung/geschenke/. **11** Alexander Dallmus: Was versteht man unter nachhaltiger Kleidung. Aus: Was versteht man unter nachhaltiger Kleidung: Wie erkenne ich umweltfreundliche T-Shirts? | Bayern 1 | Radio | BR.de (5.4.2021). **14** Was ist Fast Fashion? Aus: https://www.bmuv.de/themen/nachhaltigkeit-digitalisierung/konsum-und-produkte/produktbereiche/mode-und-textilien. **15** Wie kann ich Fast Fashion vermeiden? Aus: https://www.umweltbundesamt.de/umwelttipps-fuer-den-alltag/haushalt-wohnen/bekleidung#unsere-tipps. **16** Siegel für Faire Kleidung. Aus: Faire Kleidung: Das bedeuten die Siegel | Verbraucherzentrale.de. **19** Johann Peter Hebel: Der kluge Richter. Aus: Schatzkästlein des rheinischen Hausfreundes. Tübingen: Verlag Cotta, 1811, S. 58–60. **26** Gerold Effert: Guanahani. Aus: Sonnenvogel. Marburger Bogendrucke Nr. 120, o.O. 1995. **29** Jakob Michael Reinhold Lenz: Wo bist du itzt. Aus: Jakob Michael Reinhold Lenz: Gedichte, Berlin 1891, S. 87. Erstdruck in: Blätter für literarische Unterhaltung, 5. Januar 1837. **31** Johann Wilhelm Ludwig Gleim: Die Leier. Aus: Friedensgedichte. 1802. In: J(ohann) W(ilhelm) L(udwig) Gleim's sämmtliche Werke. Erste Originalausgabe aus des Dichters Handschriften durch Wilhelm Körte. Acht Bände. Halberstadt, 1811 bis 1813 u. 1841. **35** William Shakespeare: Romeo und Julia. (3. Aufzug / 5. Szene). In: William Shakespeare: Romeo und Julia. Übersetzt von August Wilhelm von Schlegel. Husum: Hamburger Lesehefte Verlag, o. J., S. 57–63. **67** *Zitate:* 1 Johann Wolfgang von Goethe: Faust I. Bearbeitet von Michael Graef. Berlin: Cornelsen Verlag, 2013, Vers 1324/S. 64.; 2 Johann Wolfgang von Goethe: Der Bericht aus der „Italienischen Reise“ 1786, Einleitung. In: Goethe in Venedig. Reiseberichte und Gedichte. Zürich und München: Artemis Verlag, 1986, S. 14; 3 Heinrich Heine: Sämtliche Werke. Band III: Schriften zur Literatur und Politik I. Mit Anmerkungen von Uwe Scheikert. 2. Auflage. Wissenschaftliche Buchgesellschaft, Darmstadt 1992, S. 294 (und 298). **91** Wasser – ein globales Problem. In Anlehnung an Uwe Ritzer: Zwischen Dürre und Flut. München: Penguin Random House Verlagsgruppe 2023, S. 23ff.; 277ff.

Bildquellen: 4 mauritius images/Cavan Images; **9** mauritius images/Gabe Palmer/Alamy; **12** stock.adobe.com/Eberhard; **14** mauritius images/Renaud Rebardy/Alamy/Alamy Stock Photos; **16** Imago Stock & People GmbH/Joerg Boethling; Logos (von oben nach unten): IVN – naturtextil.de (2x); Geschäftsstelle Grüner Knopf; **29** stock.adobe.com/Juulijs; **31** mauritius images/Memento; **35** mauritius images/Pacific Press Media Production Corp./ Alamy; **37** mauritius images/Collection Christophel; **43** Shutterstock.com/fizkes; **44** mauritius images/Cavan Images; **45** Shutterstock.com/Pixel62; **46** Shutterstock.com/mediartist; **50** stock.adobe.com/Studio_East; **54** imago Stock & People GmbH/imago/Schöning; **57** mauritius images/WoodysPhotos/Alamy; **59** mauritius images/Christian Bäck; **61** mauritius images/fStop Images; **62** Imago Stock & People GmbH/TT **67** mauritius images/Science Source; **71** mauritius images/Painters/Alamy/Alamy Stock Photos

www.cornelsen.de

1. Auflage, 2. Druck 2026

Alle Drucke dieser Auflage sind inhaltlich unverändert und können im Unterricht nebeneinander verwendet werden.

Druck: Drukarnia Dimograf Sp. z o.o., Bielsko-Biała

ISBN 978-3-06-063312-8

PEFC-zertifiziert
Dieses Produkt stammt aus nachhaltig bewirtschafteten Wäldern und kontrollierten Quellen
www.pefc.pl
PEFC
PEFC/32-31-076

Inhalt

Schreiben, Lesen

Schritt für Schritt:
Wort – Satz – Text

Sich schriftlich mit Problemen auseinandersetzen – Erörtern

Lineare Erörterungen schreiben

Beim **Schreiben einer Erörterung** verfasst man einen umfangreicheren **zusammenhängenden Text**, in dem man sich mit einem **Problem** oder einer **Frage** auseinandersetzt. Dazu werden **Meinungen** bzw. **Standpunkte** formuliert und durch mehrere **Argumente** (Begründungen und Beispiele) gestützt.
Dabei kommt es auf eine sinnvolle **Gliederung** und eine genaue **Sprache** an.
Die **lineare (steigernde) Erörterung** ist eine der beiden Hauptformen des schriftlichen Erörterns. Man baut sie folgendermaßen auf:

Einleitung:
- Thema nennen, Problem beschreiben,
- Interesse der Leserinnen und Leser wecken,
- Frage formulieren,

Hauptteil:
- den eigenen **Standpunkt** als Aussage oder Behauptung formulieren,
- den Standpunkt durch **Argumente** (Begründungen und Beispiele) begründen, wobei das wichtigste am Anfang oder am Schluss steht,

Schluss:
- mit Bezug auf die Aussage oder Behauptung die eigene Meinung zusammenfassen,
- Schlussfolgerungen für das Handeln ableiten.

Eine lineare Erörterung untersuchen

1 Untersuche die folgenden Beiträge aus einem Internetforum.

a Lies die beiden Beiträge.

Text A: Zum Geburtstag lieber Geld statt Sachgeschenk

Wenn Geburtstage oder andere Festlichkeiten nahen, wird von Verwandten oft die Frage gestellt, was man sich wünscht. Jugendliche bitten dann oftmals um Geldgeschenke. Daraus ergibt sich für die Schenkenden häufig die Frage, ob Geld ein angemessenes Geschenk ist.
Wer Geld geschenkt bekommt, kann selbst entscheiden, was er sich dafür kauft. So können sich Jugendliche, indem sie sich das Geld zusammensparen, auch einen teureren Herzenswunsch erfüllen, z. B. den Kauf eines Smartphones, eines Fahrrades oder eines Mopeds.
Ein weiterer Aspekt, der für Geldgeschenke spricht, besteht darin, nicht willkommene Sachgeschenke zu vermeiden. Der oder die Beschenkte ist dann vielleicht enttäuscht, beispielsweise über ein geschenktes Kleidungsstück, das gar nicht zum eigenen Style passt.
Mit Geldgeschenken kann man eigentlich nichts falsch machen. Wer möchte, kann das Geld schön verpacken und damit eine große Freude bereiten.

Text B: Geldgeschenke ersetzen keine persönlich ausgesuchten Geschenke

Oft werden zu Weihnachten oder zum Geburtstag Geldgeschenke überreicht. Gerade Jugendliche sollen sich davon selbst etwas kaufen. Aber ist Geld eine gute Alternative zu einem Sachgeschenk?

Für ein persönlich ausgesuchtes oder angefertigtes Geschenk spricht, dass man sich überlegt, womit man eine besondere Freude bereiten kann. Man denkt z. B. über Hobbys, Gewohnheiten oder gemeinsame Unternehmungen nach und wählt mit Bedacht aus, vielleicht ein Buch, einen Kinobesuch oder einen selbst gebackenen Kuchen.

Hinzu kommt, dass man mit einem individuellen Geschenk signalisiert, dass einem der oder die Beschenkte wichtig ist und die guten Wünsche dadurch besonders wertgeschätzt werden, so kehrt die Freude sprichwörtlich zu einem zurück. Sachgeschenke sind viel persönlicher als Geldgeschenke. Um nichts Unnötiges zu schenken, könnte man vorher anfragen, was gewünscht wird.

b Notiere das Thema dieser beiden Beiträge.

____

c Formuliere das Problem, das in beiden Beiträgen erörtert wird, als Frage.

____

____

d Untersuche, welche Standpunkte in den beiden Texten vertreten werden. Notiere zu jedem Text den Standpunkt als Behauptung.

Text A: ______________________________

____

Text B: ______________________________

____

Tipp
Du kannst die Begründungen / Beispiele im Text markieren.

e Untersuche, mit welchen Argumenten die unterschiedlichen Standpunkte in den beiden Texten gestützt werden. Übertrage die Tabelle in dein Heft und ergänze sie.

Standpunkt Text A	Standpunkt Text B
Argument 1 Begründung: *man kann selbst entscheiden …* Beispiel: …	Argument 1 Begründung: … Beispiel: …
Argument 2 Begründung: … Beispiel: *Bekleidungsstück ist …*	Argument 2 Begründung: … Beispiel: …
…	…

f Ergänze die Tabelle durch je zwei weitere Argumente.

g Überlege, welchen Standpunkt du vertrittst, und formuliere ihn.

●●● h Lies den folgenden Text und überlege, welchen der beiden Standpunkte er stützt. Übernimm geeignete Argumente in deine Tabelle.

Geldgeschenke

Kleinere Kinder können mit Geldgeschenken nicht viel anfangen. Sie sind enttäuscht, für sie ist Geld kein „richtiges" Geschenk. Steuern Großeltern einen Teil zu einem größeren Geschenk bei, sollte das Kind trotzdem eine hübsch verpackte Kleinigkeit bekommen.
Ältere Kinder und Jugendliche können mit Geldgeschenken schon mehr anfangen. Sie möchten über ihr Geld frei verfügen. Noch dazu, weil die Geschenke von Menschen, die sie nicht so gut kennen, oft weit von ihren Wünschen entfernt sind. Sind die Geldgaben übertrieben großzügig, sollten die Eltern mit den Gebern sprechen. Höhere Beträge sind auf einem Konto oder Sparbuch besser aufgehoben als in der Geldbörse.

(Aus einem Erziehungsratgeber)

Eine lineare Erörterung schreiben/verfassen

i Verfasse eine lineare Erörterung, in der du deinen Standpunkt durch Argumente begründest. Orientiere dich am Merkkasten (S. 4) und schreibe einen Entwurf in dein Heft.

j Überarbeite deinen Entwurf gründlich mithilfe der Checkliste.

Checkliste: Die Erörterung überarbeiten	
Habe ich meinen Standpunkt deutlich gemacht?	☐
Enthält mein Hauptteil überzeugende Argumente für meinen Standpunkt?	☐
Sind die Sätze sinnvoll verknüpft? Werden Wortwiederholungen vermieden?	☐
Enthält mein Schluss eine Zusammenfassung?	☐
Ist der Text fehlerfrei? (Rechtschreibung und Zeichensetzung)	☐

2 Schreibe eine weitere lineare Erörterung zum Thema „Jugendliche sollten einen Teil ihres Taschengeldes durch Hilfe im Haushalt erarbeiten".

a Lies folgende Aufforderung zur Diskussion in einem Internetforum.

Müssen Kinder für ihr Taschengeld etwas leisten?

Viele Eltern sind der Meinung, dass ihre Kinder mit zunehmendem Alter für ihr Taschengeld im Haushalt mithelfen sollten. Teilweise erhalten Jugendliche, wenn sie die Familie bei der Hausarbeit tatkräftig unterstützen, sogar ab und an einen Zuschuss zum Grundbetrag ihres Taschengeldes.

Es gibt auch Eltern, die den Standpunkt vertreten, dass an das Taschengeld keine Bedingungen/keine Gegenleistungen geknüpft sein sollten.
Interessant ist, wie Jugendliche zu diesen Elternmeinungen stehen.
Was meint ihr zu diesem Thema? Schreibt uns, was ihr darüber denkt.

b Der Text in Aufgabe a behandelt eine Problemfrage. Notiere die beiden Standpunkte, die der Text enthält, als Behauptung.

Standpunkt 1: *Kinder sollen* ____________________

Standpunkt 2: ____________________

c Überlege dir zuerst geeignete Argumente für beide Standpunkte. Notiere sie stichpunktartig in deinem Heft.

Eine weitere lineare Erörterung schreiben

d Entscheide dich für einen Standpunkt und verfasse eine lineare Erörterung. Berücksichtige die Angaben im Merkkasten (S. 4) und schreibe einen Entwurf in dein Heft.

e Überarbeite deinen Entwurf und schreibe die Endfassung in dein Heft. Orientiere dich an der Checkliste aus Aufgabe 1i.

Kontroverse (dialektische) Erörterungen schreiben

Die **kontroverse (dialektische) Erörterung** ist neben der linearen Erörterung die zweite Hauptform des schriftlichen Erörterns. Dabei wägt man im **Hauptteil** verschiedene **Argumente für (pro)** und **gegen (kontra)** einen **Standpunkt** zu einem Problem bzw. einer Frage ab. Eine Möglichkeit der **Gliederung** ist die Gegenüberstellung der Argumente **im Block**. Das heißt, zuerst werden alle Pro-Argumente angeführt und danach alle Kontra-Argumente oder umgekehrt. Ausschlaggebend ist, ob man sich selbst für Pro oder für Kontra entscheidet oder einen Kompromiss vorschlägt. Die Argumente für die eigene oder stärkere Position stellt man an das Ende, weil sie den Lesenden so besser im Gedächtnis bleiben, z. B.:

Behauptung/Aussage:
Es ist sinnvoll, ein Freiwilliges Soziales Jahr zu absolvieren.

Pro-Argument 1:
Wer sich sozial einbringt, tut etwas Gutes für seine Mitmenschen / für seine Umwelt, z. B. …

Pro-Argument 2:
Man kann erst einmal in einen Beruf hineinschnuppern, z. B. …

Kontra-Argument 1:
Man kann sich auch während der Ausbildung sozial engagieren, beispielsweise …, z. B. …

Kontra-Argument 2:
Während der Betriebspraktika konnte man bereits Berufsbilder erkunden, z. B. …

Eine zweite Möglichkeit der **Gliederung** des **Hauptteils** einer **kontroversen (dialektischen) Erörterung** ist folgende: Man verbindet die Pro-Argumente und Kontra-Argumente **im Wechsel.**

1 Ricky bereitet sich auf das Schreiben einer kontroversen Erörterung zum Thema „Freiwilliges Soziales oder Freiwilliges Ökologisches Jahr“ vor. Er hat einen Text zum Thema gefunden.

a Lies die Informationen zum Thema.

Laut Angaben des Bundesministeriums für Familie, Senioren, Frauen und Jugend bewarben sich im Jahrgang 2022/23 knapp 35 000 junge Leute für ein Freiwilliges Soziales Jahr (FSJ) mit unterschiedlichen Schulabschlüssen, davon 3807 mit einem Hauptschulabschluss und 14 402 mit einem Realschulabschluss bzw. einem vergleichbaren Abschluss.
In der Regel absolvieren Jugendliche ein FSJ/FÖJ im Anschluss an ihre Schulzeit. Es gibt zahlreiche Verbände, Institutionen und Einrichtungen, bei denen man sich für ein FSJ bewerben kann, z. B. beim Deutschen Roten Kreuz, bei der Johanniter-Unfall-Hilfe oder bei der Arbeiterwohlfahrt. Einsatzmöglichkeiten sind beispielsweise Pflege- oder Kindereinrichtungen sowie Einrichtungen, der Sozialstellen. Wer sich für ein FSJ auf kulturellem Gebiet interessiert, kann sich zum Beispiel an die Bundesvereinigung Kulturelle Kinder- und Jugendbildung wenden. Auch auf diesem Gebiet gibt es zahlreiche Betätigungsfelder, u. a. in kulturellen Einrichtungen (z. B. Theater, Bibliotheken, Denkmalpflege), in Gemeindeeinrichtungen oder auch im sportlichen Bereich.
Jugendliche, die sich eher im Umwelt- und Naturschutz engagieren möchten, sollten sich für ein Freiwilliges Ökologisches Jahr (FÖJ) bewerben, um z. B. in einem Naturschutzverband oder in einer Tierpflegestation zu arbeiten. Empfohlen wird, dass Interessenten mindestens sechs Monate vor Antritt des freiwilligen Dienstes ihre Bewerbung einreichen.
Die Dienstzeit beträgt zwischen sechs bis 24 Monate, wobei ein Großteil der Freiwilligen 12 Monate wählt, so können sie nach einem Jahr mit ihrer Berufsausbildung oder mit dem Besuch einer weiterführenden Bildungseinrichtung beginnen.

b Welche Fragestellung(en) könnte(n) sich aus deiner Sicht zum Thema ergeben? Notiere eine mögliche Frage.

____

2 Ricky hat eine kontroverse (dialektische) Erörterung zum Thema „Freiwilliges Soziales Jahr/Freiwilliges Ökologisches Jahr“ geschrieben.

Eine kontroverse Erörterung untersuchen

a Lies seine Erörterung.

Wie weiter nach erfolgreichem Schulabschluss?

Jahr für Jahr stellen sich viele Schülerinnen und Schüler der Abschlussklassen die Frage, ob sie gleich eine Berufsausbildung beziehungsweise den Übergang in eine weiterführende Schule anschließen oder zunächst ein Freiwilliges Soziales Jahr (FSJ) bzw. ein Freiwilliges Ökologisches Jahr (FÖJ) absolvieren möchten.
Das ist eine wichtige Entscheidung, über die man gründlich nachdenken sollte.
Für eine Ausbildung direkt nach dem Schulabschluss spricht, dass man recht bald einen Berufsabschluss erwirbt. So ist man meist nach zwei bis drei Jahren mit der Ausbildung fertig und kann sich auf dem Arbeitsmarkt nach einer Arbeitsstelle umsehen.

Wer zunächst ein FSJ oder FÖJ absolviert, hat wiederum die Möglichkeit, erst einmal in ein Berufsfeld hineinzuschnuppern und Erfahrungen zu sammeln. So fällt beispielsweise die Entscheidung für den künftigen Beruf leichter.

Die finanzielle Seite spielt bei der Entscheidungsfindung sicher auch eine Rolle. Die Mindestvergütung in der Ausbildung ist höher als im FSJ/ FÖJ und liegt im ersten Ausbildungsjahr monatlich bei etwa 600 Euro. Dagegen erhält man im FSJ/FÖJ ein monatliches Taschengeld von etwa 400 Euro.

Andererseits erlangt man bei Durchführung eines FSJ oder FÖJ Fähigkeiten und Fertigkeiten, welche beispielsweise die berufliche Qualifikation erhöhen können.

Wer ein Freiwilliges Soziales Jahr oder ein Freiwilliges Ökologisches Jahr in Betracht zieht, sollte sich gründlich informieren und die Vor- und Nachteile für sich gut abwägen.

b Notiere das Problem, das Ricky im Text erörtert, als Frage.

Tipp
Markiere zuerst die Argumente im Text.

c Untersuche die im Text aufgeführten Argumente. Was spricht für die Ausbildung statt FSJ/FÖJ und was spricht dagegen? Notiere deine Ergebnisse in der Tabelle.

Pro-Argument (für Ausbildung statt FSJ/FÖJ)	**Kontra-Argument** (gegen Ausbildung statt FSJ/FÖJ)
Pro-Argument 1: Begründung: *Berufsabschluss eher/ schneller erreichbar* Beispiel: …	Kontra-Argument 1: Begründung: Beispiel:
Pro-Argument 2: Begründung: Beispiel:	Kontra-Argument 2: Begründung: Beispiel:

d Bilde dir deinen Standpunkt zu dieser Frage (Aufgabe 2b) und notiere ihn.

____

____

Tipp
Du kannst auch im Text zu Aufgabe 1 nachlesen.

e Notiere mindestens zwei weitere Argumente, die für eine Ausbildung statt FSJ/FÖJ sprechen, und zwei weitere Argumente, die dagegensprechen. Schreibe in dein Heft.

Pro-Argument (für Ausbildung statt FSJ/FÖJ)	**Kontra-Argument** (gegen Ausbildung statt FSJ/FÖJ)
Pro-Argument 1: Begründung: Beispiel: …	Kontra-Argument 1: Begründung: Beispiel:
Pro-Argument 2: Begründung: Beispiel:	Kontra-Argument 2: Begründung: Beispiel:

Eine kontroverse Erörterung schreiben

3 Schreibe eine kontroverse Erörterung zum Thema „Sollten Jugendliche nach dem Schulabschluss gleich eine Lehre/Ausbildung beginnen oder erst ein FSJ/FÖJ absolvieren?“.

a Schreibe eine Einleitung. Wähle aus folgenden Möglichkeiten aus.

aktuelles Ereignis / Definition / ein Beispiel aus der eigenen Erfahrung

b Überlege, welche Argumente du aus den Aufgaben 2c und e für deine Erörterung übernehmen möchtest, und markiere diese.

c Überlege, welche Informationen (Fakten) aus dem Text in Aufgabe 1 (S. 8) deine Argumente stützen könnten. Markiere diese Angaben im Text.

d Überlege, wie du deine Argumente im Hauptteil anordnen möchtest (im Block oder im Wechsel). Lege die Reihenfolge deiner Argumente fest, indem du diese z. B. in deinen Aufzeichnungen nummerierst.

Tipp
Orientiere dich am Merkkasten S. 7.

e Verfasse den Hauptteil und den Schluss deiner Erörterung.

f Überarbeite deinen Entwurf und schreibe die Endfassung in dein Heft.

2e Du kannst folgende Formulierungen verwenden:
Im Hauptteil (zur Verknüpfung von Argumenten) z. B.:
ebenso … / ebenfalls … / aber auch … / dagegen … / demgegenüber … / einerseits – andererseits … / besonders wichtig … / Hervorheben …
Im Schlussteil z. B.:
Zum Schluss … / Schließlich … / Zusammenfassend … /

Sachtexte erschließen

Diskontinuierliche Texte erschließen

Damit man den Gedanken einer Autorin bzw. eines Autors gut folgen kann, wird das Textverstehen durch die Verwendung **verstehensfördernder** Mittel unterstützt.

- **Äußere Mittel** sind z. B.:
  - Überschriften und Zwischenüberschriften,
  - Absätze, Nummerierungen und Aufzählungszeichen.
- **Inhaltliche Mittel** sind:
  - Einleitung neuer Gedanken oder Themen durch Einleitesätze,
  - Einschübe und nachträgliche Erläuterungen, z. B. Appositionen,
  - Bezüge zu anderen Textaussagen,
  - sprachliche Mittel zur Herstellung logischer Zusammenhänge, z. B.: *zum einen – zum anderen, daraus folgt, außerdem,*
  - sprachliche Mittel zur Erhöhung der Wirksamkeit einer Äußerung, z. B.: *insbesondere, hervorzuheben ist, betont wird.*

Um komplexe Themen angemessen und möglichst anschaulich darzustellen, eignen sich besonders sogenannte **diskontinuierliche Texte.** Im Unterschied zu kontinuierlichen Texten (Fließtexten) enthalten **diskontinuierliche Texte** verschiedene **Textbausteine,** z. B.:

- Daten in Form von Stichpunkten, Diagrammen oder Tabellen,
- Begriffserklärungen in Form von Glossars oder Fußnoten,
- Fakten oder Hintergrundinformationen in Kästen, Fußnoten, Schaubildern,
- Zusatzinformationen in Form von Verweisen oder Links,
- Meinungsäußerungen in Form von grafisch abgehobenen Kurzinterviews oder Zitaten.

Einen Sachtext untersuchen

1 Verschaffe dir einen Überblick über den Inhalt und die Form des folgenden Textes.

a Überfliege den Text und schreibe auf, worum es geht.

Alexander Dallmus

Was versteht man unter nachhaltiger Kleidung?

Wir haben zu viele Klamotten! Jedenfalls die meisten von uns. Andererseits – auch das belegen Umfragen immer wieder – finden rund drei Viertel der Verbraucherinnen und Verbraucher, dass nachhaltige Mode wichtig ist. […]

Nachhaltige Mode
- auch Fair Fashion, Eco Fashion, Sustainable Fashion, grüne Mode, Bio-Mode oder Öko-Mode genannt
- bezeichnet Bekleidung, bei deren Produktion weder Mensch noch Umwelt zu Schaden kommen. Die Materialien stammen aus biologischem Anbau oder aus artgerechter Tierhaltung.

Warum ist es so schwer, nachhaltige Kleidung zu erkennen?

Selbst wenn wir besonders umsichtig und nachhaltig Kleidung kaufen wollen, ist es nicht immer einfach, die richtige Kaufentscheidung zu treffen. Ganz entscheidend für die Ökobilanz ist der Weg, den ein Kleidungsstück zurücklegt. Schließlich kann die Baumwolle aus Burkina Faso kommen, jedoch zur weiteren Verarbeitung – wie zum Beispiel Färben – eine Asienrundreise durch Indien, Vietnam oder Kambodscha unternehmen, um anschließend in China genäht zu werden. […]
„Das ist natürlich sehr kompliziert und die Lieferketten sind weltweit. Ein Produkt hat eben eine ganze Reihe von Vorlieferanten. Wenn Sie dieses Hemd hier nehmen", sagt Klaus Lindner vom Verband der Bayerischen Textil- und Bekleidungsindustrie (VTB) und zeigt auf sein blütenweißes Hemd, „das sind 142 Schritte, die dieses Hemd durchläuft. Und insoweit ist es ein ganz schwieriges Thema, das nachzuvollziehen." Selbst für Profis, die tagtäglich mit Textilien zu tun haben. […]

Die Verbraucherzentrale berichtet über **Label und Siegel**, die auf faire Herstellungsprozesse hinweisen: https://www.verbraucherzentrale.de/wissen/umwelt- haushalt/nachhaltigkeit/faire-kleidung-das-bedeuten-die-siegel-7072.

Warum Altkleidersammler vor großen Problemen stehen

Um Kunden zum Konsum zu bewegen, hat die Bekleidungsindustrie irgendwann die jährliche Winter- und Sommerkollektion erfunden. Daraus wurden dann mit der Frühlings- und Herbstkollektion schon vier. Mittlerweile bringen Konzerne bis zu 19 Kollektionen pro Jahr heraus, andere sogar bis zu 24 Kollektionen. Das ist der textile Overkill!
Sabrina Ludmann ist wissenschaftliche Mitarbeiterin vom Institut für Energie- und Umweltforschung (IFEU) in Heidelberg und weiß um die Folgen: „Die Kollektionen müssen qualitativ hochwertiger sein. Die Mode darf nicht so oft wechseln und da laufen wir gerade, was die Abfallwirtschaft angeht, auf ein großes Problem zu." Das Problem heißt „Alttextilien", also das, was wir gerne in den Containern der Sammelunternehmen entsorgen und wobei wir ein gutes Gefühl haben, weil wir denken, es käme vielleicht noch Bedürftigen zugute. Die Realität sieht anders aus. Die Entsorger werden seit Jahren geradezu überschwemmt mit alten Klamotten, Textilien und Schuhen. […]

Warum die meisten Altkleider verbrannt werden

Die Qualität der Stoffe ist oft so schlecht, dass sie noch nicht mal mehr für Putzlappen taugen, denn schließlich werden hier nur saugende Stoffe benötigt. Textilien mit wenig Baumwollanteil braucht da keiner. Auch im Bereich Dämmstoffe ist der Bedarf endlich. Letztlich werden viele der so genannten Altkleider verbrannt. […]

Was wir als Verbraucher tun können

Auch wenn die Textilindustrie einem globalen Wanderzirkus gleicht und die Lieferketten für uns Verbraucher oft nur schwer zu durchschauen sind – es gibt ein ganz einfaches und zugleich wesentliches Kriterium, um Nachhaltigkeit bei Kleidung eindeutig festzulegen: Langlebigkeit! Je länger ich ein Kleidungsstück trage, desto mehr relativiert sich mit der Zeit der Ressourcenaufwand, der mit der Produktion zwangsläufig einhergeht. [...]
Diese Langlebigkeit lässt sich aber nur erreichen, indem wir Verbraucher wieder verstärkt auf hochwertige und auch ethisch einwandfrei produzierte Kleidungsstücke von Unternehmen achten, die ganz offen und transparent mit Produktionsabläufen und -bedingungen umgehen. [...]*

Mehr zum Thema „Nachhaltige Mode" findest du beim Nabu, dem Naturschutzbund. Dort gibt es anschauliche Infografiken, und die Texte dazu kannst du dir sogar vorlesen lassen (https://www.nabu.de/umwelt-und-ressourcen/oekologisch-leben/alltagsprodukte/24712.html).

Quelle: Alexander Dallmus, Stand: 05.04.2021, Text nach einem Podcast bei Radio Bayern 1: https://www.br.de/radio/bayern1/was-versteht-man-unter-nachhaltiger-kleidung100.html.

b Nenne die Textbausteine, aus denen der Gesamttext besteht.

____

____

____

Tipp
Nimm ggf. den Merkkasten auf S. 11 zu Hilfe.

c Beurteile, ob es sich hier um einen Fließtext (kontinuierlichen Sachtext) oder um einen diskontinuierlichen Text handelt, und begründe stichpunktartig.

____

2 Lies den Text noch einmal gründlich und erschließe die einzelnen Textbausteine.

Tipp
Markiere wichtige Begriffe im Text.

a Untersuche die inhaltliche Struktur des Fließtextes genauer. Nenne die Themen der einzelnen Textabschnitte (ohne die Einleitung).

1. ______________________________
2. ______________________________
3. ______________________________
4. ______________________________

b Worum geht es in den drei Infoboxen? Notiere drei Stichpunkte.

1. Infobox ______________________________
2. Infobox ______________________________
3. Infobox ______________________________

c Im Text gibt es Zitate. Notiere, wer zitiert wird, und nenne die Institutionen, für die sie arbeiten.

______________________________ (Zeile ___)

______________________________ (Zeile ___)

d Entnimm den Zitaten die Kernaussage und fasse sie in einem Satz zusammen.

Lindner (Abschnitt 1): ______________________________

____

Ludmann (Abschnitt 2): ______________________________

____

3 Fasse die wichtigsten Aussagen des Gesamttextes zusammen. Schreibe ins Heft.

4 Überlege, welche Funktionen der Text hat. Will er informieren, appellieren oder werten? Begründe deine Meinung anhand von Textstellen im Heft.

Einen weiteren Sachtext untersuchen

5 Untersuche einen weiteren Sachtext.

a Verschaffe dir einen Eindruck vom Textbild und notiere das Thema des Gesamttextes.

____

Fast Fashion

Was ist Fast Fashion?

Bekleidung und Mode sind Ausdruck von Individualität und persönlichem Stil. Das ist keine neue Erkenntnis, Mode war und ist immer auch ein Spiegel ihrer Zeit, auch von gesellschaftlichen und landesspezifischen Umständen.
Neu sind aber globale Tendenzen in der Textil- und Modebranche, die unter dem Begriff „Fast Fashion" zusammengefasst werden. Neue Trends und Kollektionen kommen in immer kürzeren Abständen auf den Markt. [...] Viele Kleidungsstücke werden nur für eine Saison gekauft und qualitativ entsprechend minderwertig produziert. Verbraucherinnen und Verbraucher kaufen in Deutschland im Schnitt sechzig Kleidungsstücke pro Jahr, der rasant steigende Anteil von Online-Käufen verstärkt diese Tendenz noch. Fast Fashion ist oftmals billig und ermöglicht eine kurzfristige Befriedigung von Konsumwünschen. Jedes fünfte Kleidungsstück wird so gut wie nie getragen.

Die globale Kleidungsproduktion hat sich seit der Jahrtausendwende mehr als verdoppelt, und Studien prognostizieren für die kommenden Jahrzehnte ein weiteres intensives Wachstum im Textilsektor. [...]

Fast Fashion hat einen Preis, auch wenn dieser Preis nicht auf dem Preisschild steht. Das Wissen um die ökologischen und sozialen Auswirkungen der Herstellung von Bekleidung ist nach wie vor gering, und bei der Kaufentscheidung spielen diese Aspekte praktisch keine Rolle. Der Anbau von Baumwolle erfordert große Wassermengen vor allem in Gegenden mit Wassermangel. Pestizide und Düngemittel sind insbesondere beim konventionellen Baumwollanbau ein Problem. Circa 14 Prozent des weltweiten Insektizidmarktes und circa 5 Prozent des Pestizidmarktes entfallen auf diesen Bereich. Farben und weitere Chemikalien belasten das Abwasser in Produktionsländern, die oftmals nicht über entsprechende Kläranlagen verfügen. Hinzu kommt, dass die Näherinnen in vielen Produktionsländern unter unmenschlichen Bedingungen arbeiten.

Die Verwendung von chemischen Fasern – wie etwa Polyester oder Elastan – verursacht beim Waschen darüber hinaus die Freisetzung von Mikroplastik in Gewässer und Meere. [...] Bisher liegen noch keine verlässlichen Angaben darüber vor, wie viele Fasern auf diese Weise freigesetzt werden. Geschätzt wird, dass in Deutschland insgesamt 80 bis 400 Tonnen Mikropartikel jährlich durch Kleidung freigesetzt werden.

Ein hochwertiges Recycling im Sinne eines geschlossenen Stoffkreislaufes findet heute de facto* nicht statt. Weltweit wird weniger als ein Prozent des für die Textilproduktion eingesetzten Materials erneut für die Herstellung von Kleidung wiederverwendet. Rund achtzig Prozent der global anfallenden Altkleider werden verbrannt oder landen auf Deponien. Rund zwanzig Prozent durchlaufen einen Prozess, der „Down-Cycling“ genannt wird – damit ist die Herstellung beispielsweise von Putzlappen oder Dämmstoffen aus Altkleidung gemeint.*

* *de facto*: tatsächlich

Quelle: Dieser Text stammt von der Webseite des Ministeriums für Umwelt, Naturschutz, Nukleare Sicherheit und Verbraucherschutz (https://www.bmuv.de/themen/nachhaltigkeit- digitalisierung/konsum-und-produkte/produktbereiche/mode-und-textilien).

Wie kann ich Fast Fashion vermeiden?

Hier sind einige Tipps für den umweltverträglichen Kauf und die umweltverträgliche Nutzung von Kleidung:

- Achten Sie beim Kaufen von Textilien auf Siegel, die Umwelt- und Sozialstandards garantieren.
- Kaufen Sie Baumwolltextilien in Bio-Qualität („organic cotton“).
- Kaufen Sie Kleidung aus Secondhand oder tauschen Sie Kleider.
- Mieten Sie Kleidungsstücke für einmalige Anlässe wie Hochzeiten, Partys und andere Feierlichkeiten.
- Tragen Sie Ihre Kleidung möglichst lange.
- Lassen Sie Ihre Kleidung bei Abnutzung oder Defekten von Schneidereien oder Schustereien reparieren.
- Geben Sie nicht genutzte Kleidung weiter oder entsorgen Sie diese richtig. [...]*

Quelle: Diese praktischen Hinweise stammen aus dem Einkaufsratgeber des Umweltbundesamtes (https://www.umweltbundesamt.de/umwelttipps-fuer-den-alltag/haushalt-wohnen/bekleidung#unsere- tipps).

Markt mit Alttextilien aus Europa in Burkina Faso

Siegel für Faire Kleidung (Auswahl)

Das Siegel IVN Best vom **Internationalen Verband der Naturtextilwirtschaft** garantiert die Einhaltung der Kernarbeitsnormen. Diese gewährleisten menschenwürdige Arbeitsbedingungen und es werden Mindestlöhne gezahlt. Die Textilien müssen zudem zu 100 Prozent aus ökologisch zertifizierten Naturfasern bestehen.

Die Kernarbeitsnormen in der Weiterverarbeitung der Baumwolle gelten auch bei der Kennzeichnung **GOTS (Global Organic Textile Standard)**. Zertifiziert werden nur Textilien, die mindestens 70 Prozent Fasern aus kontrolliert biologischer Landwirtschaft enthalten.

Beim **„Grünen Knopf"** handelt es sich um ein staatliches Textilsiegel, das 26 soziale und ökologische Produktkriterien und 20 Unternehmenskriterien umfasst. Beim Grünen Knopf müssen zusätzlich Anforderungen an die verwendeten Materialien und Fasern erfüllt werden.

Quelle: https://www.verbraucherzentrale.de/wissen/umwelt-haushalt/nachhaltigkeit/faire-kleidung-das-bedeuten-die-siegel-7072

Tipp
Schlage ggf. unbekannte Wörter nach.

b Bearbeite den Text entsprechend der Aufgabenfolge zum Text auf Seite 11. Gehe so vor:
- Lies die einzelnen Textbausteine genau und unterstreiche wichtige Begriffe und Wortgruppen.
- Notiere die Teilthemen der Textbausteine.
- Erschließe die Inhalte der einzelnen Textbausteine genau: Welche Einzelaussagen werden getroffen? Welches sind die Kernaussagen? Notiere Stichpunkte.
- Setze die Aussagen miteinander in Beziehung: Wie stehen die Aussagen zueinander? Welche Zusammenhänge oder Tendenzen sind erkennbar? Notiere Stichpunkte.
- Fasse die wichtigsten Aussagen des Gesamttextes zusammen. Schreibe ganze Sätze.

Textinhalte vergleichen

Um sich einen Sachverhalt umfassend zu erschließen und die Richtigkeit der Aussagen zu überprüfen, muss man oft mehrere Sachtexte zum Thema lesen. **Beim Vergleichen der Textinhalte** arbeitet man am besten mit einer Tabelle. So kann man dabei vorgehen:
- die Texte nacheinander lesen und Teilthemen notieren,
- zu den Teilthemen Wichtiges in Stichpunkten aufschreiben,
- die Aussagen zu den Teilthemen miteinander vergleichen.

1 Vergleiche Text 1 „Was versteht man unter nachhaltiger Kleidung?" (S. 11) mit Text 2 „Fast Fashion" (S. 14).

a Nenne das gemeinsame Thema.

Beide Texte handeln von ______________________

b Übertrage folgende Tabelle in dein Heft und ergänze eine passende Überschrift.

____

Abschnitte	**Text 1: „Was versteht man unter nachhaltiger Kleidung?"**	**Text 2: „Fast Fashion"**
Einleitung:	*oft zu viel Kleidung, die meisten finden Nachhaltigkeit trotzdem wichtig*	*Mode schon immer Ausdruck von Stil und Individualität*
1. Abschnitt:	...	...
2. ...	...	...

c Lies Text 1 Abschnitt für Abschnitt und notiere in der entsprechenden Spalte das jeweilige Teilthema der Abschnitte und die wichtigsten Aussagen stichpunktartig.

Tipp
Du kannst auf deine Markierungen in den Texten zurückgreifen.

d Lies nun Text 2 und ergänze die Teilthemen und Aussagen der Abschnitte in der rechten Spalte.

e Vergleiche die notierten Aussagen miteinander. Verbinde gleiche Inhalte der beiden Spalten durch Linien.

f Welche Inhalte unterscheiden sich oder kommen im anderen Text nicht vor? Markiere sie in deiner Tabelle.

Tipp
Vergleiche die Quellen der beiden Texte.

2 Denke genauer über die Textfunktionen nach.

a Nenne die Funktionen der beiden Texte. Überlege dazu, welche Absichten mit den Texten verfolgt werden. Begründe deine Einschätzungen.

____

b Schätze den Unterhaltungswert und die Lesbarkeit der Texte ein. Welcher Text liest sich leichter? Begründe deine Einschätzung.

____

Textbeschreibungen zu Sachtexten verfassen

In einer **Textbeschreibung** werden Ergebnisse der Analyse eines Textes zusammenhängend dargestellt. Das heißt, jeder Textbeschreibung muss eine genaue Untersuchung des Textes vorangehen. Die Textbeschreibung eines Sachtextes gibt sachlich Auskunft über den Inhalt und die Besonderheiten des Textes. Sie sollte folgende **Bestandteile** aufweisen:

- **Einleitung:**
  - Titel, Autorin bzw. Autor, ggf. Herausgeberin bzw. Herausgeber, Thema des Textes, Quelle
- **Hauptteil:**
  - Aussagen zum Aufbau des Textes, z. B. äußerlich erkennbare Gliederung (Textbestandteile, Funktion und Anordnung),
  - Aussagen zum Inhalt des Textes, z. B. Thema, Standpunkt der Autorin bzw. des Autors, Hauptaussage, Thesen, Argumente,
  - Aussagen zur Wirkungsabsicht, zum Adressatenbezug, zur Textfunktion
  - Aussagen zu sprachlichen Besonderheiten
- **Schluss:**
  - Bewertung von Inhalt und Darstellungsweise des Textes, ggf. eigene Meinung zu dem im Text Dargestellten.

1 Verfasse eine Textbeschreibung zum Text „Fast Fashion" (S. 14).

Tipp
Nutze deine Ergebnisse aus Aufg. 5, S. 14.

a Lies den Text noch einmal und notiere Stichpunkte zu folgenden Merkmalen.

– Aufbau/Textbestandteile

____

– Inhalt/Kernaussage

____

____

– Funktion des Textes (informieren, appellieren, werten)

____

– Sprachliche Besonderheiten

____

– Bewertung und eigene Meinung

____

b Schreibe nun einen Entwurf der Textbeschreibung in dein Heft. Gliedere den Text sichtbar in Einleitung, Hauptteil und Schluss. Lass einen Rand für Korrekturen.

c Überarbeite deinen Entwurf und überprüfe, ob du alle Bestandteile aufgeführt hast. Achte auch auf Rechtschreibung und Satzzeichen.

d Schreibe nun die Endfassung deiner Textbeschreibung in dein Heft.

Epische Texte erschließen

Epische Texte analysieren und interpretieren

Beim **Analysieren literarischer Texte** muss man ihren Inhalt und ihre Form untersuchen, um daraus Aussagen und mögliche **Interpretationen** abzuleiten. Dazu betrachtet man:
- die **Handlung,** indem man das zentrale Thema bzw. das zu lösende Problem und die Handlungsschritte zur Lösung des Problems, Handlungsorte und Handlungszeiten ermittelt,
- die **Figuren,** indem man äußere Merkmale (Gesamterscheinung, Einzelheiten, Besonderheiten) und innere Merkmale (Gedanken, Gefühle, Verhaltensweisen) ermittelt,
- die **Gestaltungsmittel,** also die Erzählperspektive, die zeitliche Gestaltung und die sprachlichen Mittel bestimmt.

1 Der folgende Text ist in seiner ursprünglichen Form 1811 in der Textsammlung mit dem Namen „Das Schatzkästlein des rheinischen Hausfreundes" erschienen.

a Lies den Text oder lass ihn dir, wenn möglich, vorlesen.

Johann Peter Hebel

Der kluge Richter (erschienen im Jahr 1811)

* *nicht uneben*: nicht schlecht, nicht übel

* *Taler*: Silbermünzen

Dass nicht alles so uneben* sei, was im Morgenlande geschieht, das haben wir schon einmal gehört. Auch folgende Begebenheit soll sich daselbst zugetragen haben. Ein reicher Mann hatte eine beträchtliche Geldsumme, welche in ein Tuch eingenähet war, aus Unvorsichtigkeit verloren. Er machte daher seinen Verlust bekannt und bot, wie man zu tun pflegt, dem ehrlichen Finder eine Belohnung, und zwar von hundert Talern* an. Da kam bald ein guter und ehrlicher Mann dahergegangen. »Dein Geld habe ich gefunden. Dies wird's wohl sein! So nimm dein Eigentum zurück!« So sprach er mit dem heitern Blick eines ehrlichen Mannes und eines guten Gewissens, und das war schön. Der andere machte auch ein fröhliches Gesicht, aber nur, weil er sein verloren geschätztes Geld wieder hatte. Denn wie es um seine Ehrlichkeit aussah, das wird sich bald zeigen. Er zählte das Geld und dachte unterdessen geschwinde nach, wie er den treuen Finder um seine versprochene Belohnung bringen könnte. »Guter Freund«, sprach er hierauf, »es waren eigentlich 800 Taler in dem Tuch eingenähet. Ich finde aber nur noch 700 Taler. Ihr werdet also wohl eine Naht aufgetrennt und eure 100 Taler Belohnung schon herausgenommen haben. Da habt Ihr wohl daran getan. Ich danke Euch.« Das war nicht schön. Aber wir sind auch noch nicht am Ende. Ehrlich währt am längsten, und Unrecht schlägt seinen eigenen Herrn. Der ehrliche Finder, dem es weniger um die 100 Taler als um seine unbescholtene Rechtschaffenheit zu tun war, versicherte, dass er das Päcklein so gefunden habe, wie er es bringe, und es so bringe, wie er's gefunden habe. Am Ende kamen sie vor den Richter. Beide bestanden auch hier noch auf ihrer Behauptung, der eine, dass 800 Taler seien eingenäht gewesen, der andere, dass er von dem Gefundenen nichts genommen und das Päcklein nicht versehrt habe. Da war guter Rat teuer. Aber der kluge Richter, der die Ehrlichkeit des einen und die schlechte Gesinnung des andern im Voraus zu kennen schien, griff die Sache so an: er ließ sich von beiden über das, was sie aussagten, eine feste und feierliche Versicherung geben und tat hierauf folgenden Ausspruch: »Demnach, und wenn der eine von euch 800 Taler verloren, der andere aber nur ein Päcklein mit 700 Talern gefunden hat, so kann auch das Geld des letztern nicht das nämliche sein, auf welches der erstere ein Recht hat. Du, ehrlicher Freund, nimmst also das Geld, welches du gefunden hast, wieder zurück und behältst es in guter Verwahrung, bis der kommt, welcher nur 700 Taler verloren hat. Und dir da weiß ich keinen Rat, als du geduldest dich, bis derjenige sich meldet, der deine 800 Taler findet.« So sprach der Richter, und dabei blieb es.

b Überlege, warum es sich bei diesem Text um einen „Schatz" handeln könnte. Notiere deine ersten Gedanken dazu stichpunktartig.

____

____

2 Untersuche den Text vom klugen Richter nun genauer.

a Untersuche die Handlung. Vervollständige die Sätze.

In der Geschichte geht es um zwei ______________, die sich ohne die Hilfe eines ______________ nicht einigen können.

Ein reicher Mann ______________________________ verloren.

Er ______________________________ Belohnung.

Ein ehrlicher Mann ______________________________ zurück.

Der Reiche aber ______________________________ .

Er behauptet, dass ______________________________ fehlen würden.

Der Finder versichert, ______________________________ .

Sie fragen ______________ um Rat.

Dieser erkennt ______________ des einen und die ______________ des anderen.

Er meint, dass die gefundene Geldsumme nicht ______________

____, da der Reiche ja

____.

Also darf der Finder ____, bis sich

derjenige meldet, der ____.

b Finde heraus, wo sich die Geschichte zugetragen hat. Ergänze den Satzanfang und notiere auch die Zeilen im Text, die darüber Aufschluss geben.

Die Geschichte ____ (Zeilen ____)

c Recherchiere, wo dieses „Land" liegt. Überlege, ob die Geschichte in jedem anderen „Land" spielen könnte. Wäre die Wirkung dann dieselbe? Notiere deine Meinung und begründe sie.

____

____

____

____

d Es gibt im Text Hinweise darauf, dass die Geschichte nicht in unserer Zeit spielt. Arbeite drei dieser Hinweise aus dem Text heraus und notiere sie.

1. ____
2. ____
3. ____

e Lies den Text erneut und beschreibe die handelnden Figuren mithilfe aller Informationen, die du jeweils in der Geschichte vom klugen Richter findest.

Der Reiche ist ____

____

Der Finder ist ____

____

Der Richter ist ____

____

3 Untersuche die Erzählperspektive in Hebels Geschichte.

> Die **Erzählperspektive** ermittelt, ob eine ***Ich***-Erzählerin bzw. ein ***Ich***-Erzähler oder eine ***Sie***-Erzählerin bzw. ein ***Er***-Erzähler spricht.

a Ergänze folgenden Satz.

Die Geschichte wird ______________________________ erzählt.

b Denke über die Wirkung dieser Erzählperspektive nach. Notiere deine Ideen dazu.

____

____

4 Untersuche die zeitliche Gestaltung in Hebels Geschichte.

> Die **zeitliche Gestaltung** untersucht die zeitliche Abfolge der Handlung (Rückblende, Vorausdeutung) und die Erzählgeschwindigkeit (Zeitraffung, Zeitdehnung). Wenn die Erzählzeit länger ist als die erzählte Zeit, spricht man von einer **Zeitdehnung**. Liest du schneller als die Zeit, die in der Geschichte vergeht, handelt es sich um eine **Zeitraffung**.

a Die Geschichte beginnt mit dem Verlust des Geldes und endet mit dem Richterspruch. Vermute die Zeitdauer dieser Geschichte. Begründe deine Vermutungen.

Die Geschichte dauert etwa ______________________________

Begründung: ______________________________

____

b Gibt es Rückblenden oder Vorausdeutungen? Notiere die entsprechenden Textstellen.

____

____

c Untersuche die Erzählgeschwindigkeit. Verwendet Johann Peter Hebel bei der zeitlichen Gestaltung eine Zeitraffung oder eine Zeitdehnung? Ergänze den Satzanfang.

Die erzählte Geschichte dauert ______________________________

____

5 Untersuche die sprachliche Gestaltung von Hebels Geschichte.

> Autoren und Autorinnen verwenden **sprachliche (stilistische) Mittel,** um ihre Geschichten anschaulicher zu gestalten. Die Lesenden sollen sich in Figuren und Handlung hineindenken können. Die Schreibenden benutzen
> - bildhafte Vergleiche *(kalt wie Eis),*
> - Metaphern *(ein Blumenmeer),*
> - abwechslungsreiche und genaue Bezeichnungen,
>   z. B. Synonyme *(hastig* oder *eilig* für *schnell),*
>   z. B. Personifizierungen *(Freude ergriff von ihm Besitz).*

a Suche in der Geschichte vom klugen Richter nach sprachlichen Mitteln. Notiere jeweils, um welche sprachlichen oder stilistischen Mittel es sich handelt.

Zeilen 8/9: ______________________

Zeile 19: ______________________

Zeile 25: ______________________

Zeile 31: ______________________

b Überlege, welche Wirkung von diesen sprachlichen (stilistischen) Mitteln ausgeht. Formuliere deine Einschätzung in zwei Sätzen.

____

____

____

6 Es handelt sich bei dem kurzen epischen Text von Johann Peter Hebel aus Aufgabe 1 um eine sogenannte Kalendergeschichte.

a Lies den Merkkasten.

> **Kalendergeschichten** sind kurze Erzählungen, die unterhalten und belehren sollen. Sie wurden früher tatsächlich in Volkskalendern veröffentlicht; daher der Name der Textsorte.

b Lies noch einmal im Text nach. Notiere den Satz aus der Geschichte, der die Lehre der Kalendergeschichte am besten wiedergibt:

____

c Erläutere, warum die Geschichte deiner Meinung nach auf Leserinnen und Leser unterhaltsam wirken kann.

____

____

Textbeschreibungen zu epischen Texten verfassen

In einer **Textbeschreibung** werden die Ergebnisse der Analyse epischer Texte zusammenhängend dargestellt. Eine Textbeschreibung gibt Auskunft über den Inhalt und die Besonderheiten (Form, Sprache) eines Textes. Die jeweils getroffenen Aussagen zum Text belegt man mit **Zitaten.**
Eine Textbeschreibung sollte folgende **Bestandteile** aufweisen:

- **Einleitung:**
  - Name der Autorin bzw. des Autors
  - Textsorte (z. B. Kurzgeschichte, Erzählung, Roman)
  - Titel und Thema
- **Hauptteil:**
  - Inhaltsangabe
  - Aufbau des Textes
  - Besonderheiten der Handlungsgestaltung
  - Erzählperspektive
  - wichtige Figuren und deren Merkmale
  - sprachliche (stilistische) Besonderheiten
  - Zeitgestaltung
  - Wirkung weiterer Gestaltungsmittel
- **Schluss:**
  - eigene Meinungen (Gedanken, Gefühle), eventuell Leseempfehlung
  - weitere Auskünfte zur Autorin bzw. zum Autor und ggf. auch zur Entstehungsgeschichte des Textes

1 Verfasse eine Textbeschreibung zur Kalendergeschichte „Der kluge Richter" in dein Heft. Schreibe zuerst einen Entwurf.

a Nenne in der *Einleitung* Textsorte und Titel, Name des Autors, Erscheinungsjahr und Thema der Geschichte.

Textsorte: ____________________ Autor: ____________________

Titel: ____________________ Erscheinungsjahr: ____________________

Thema: ____

Tipp
Nutze deine Ergebnisse zu den Aufgaben 2 bis 6 (S. 20–23).

b Beginne den *Hauptteil* mit einer Inhaltsangabe, in der du das Problem und die Handlungsschritte zu dessen Lösung zusammenfasst.

c Ergänze den Hauptteil. Orientiere dich dazu am Merkkasten.

d Schreibe zum Schluss deine eigene Meinung zum Text.

e Recherchiere über den Autor Johann Peter Hebel und ergänze mögliche Erkenntnisse zur Entstehung der Geschichte.

Tipp
Orientiere dich am Merkkasten.

2 Überarbeite deinen Entwurf inhaltlich und sprachlich.

3 Schreibe die Endfassung deiner Textbeschreibung ins Heft.

1b Du kannst z. B. so beginnen: *In der Geschichte geht es um …*
1c Du kannst z.B. so fortfahren: *Beim Aufbau des Textes fällt auf, dass … / Die Handlung ist … / …*
1d Du kannst den Schluss z.B. so einleiten: *Mir hat der Text … (nicht) gefallen, weil …*

Interpretationen zu epischen Texten verfassen

Das Ziel einer **Interpretation** ist es, mögliche Aussagen eines literarischen Textes herauszuarbeiten, d. h. den Text zu **deuten (interpretieren).** Diese Deutungen müssen durch Textstellen (Zitate) belegt werden. Eine gründliche **Analyse** des Textes ist die Voraussetzung für das Verfassen einer Interpretation.
Eine **Textinterpretation** schreibt man im Präsens. Sie sollte folgende Bestandteile aufweisen:

- **Einleitung:**
  - Name der Autorin bzw. des Autors, evtl. biografische Daten
  - Textsorte, Titel, Thema sowie erster Eindruck vom Text
- **Hauptteil:**
  - kurze Inhaltsangabe
  - Interpretationshypothese(n) zum Gesamttext: zusammenfassende Annahme(n) bzw. Deutung(en) zu zentralen Botschaften bzw. Aussagen des Textes
  - Begründung der Interpretationshypothese(n) durch: Darstellung und Deutung von Besonderheiten der Handlungs-, Orts-, Zeit-, und Figurengestaltung und der Erzählperspektive, Darstellung und Deutung besonderer sprachlicher (stilistischer) Mittel und deren Wirkung
- **Schluss:**
  - eigene Meinung zu dem in der Geschichte Dargestellten
  - Bezug zum eigenen Leben

1 Plane eine Interpretation der Geschichte „Der kluge Richter“.

a Unterstreiche die Textstellen, die dir wichtig erscheinen, und formuliere mögliche Deutungen dazu in dein Heft. Schreibe jeweils die Zeilen der Textstellen davor und ergänze Begründungen.

Zeilen 7–11: "Ein reicher Mann hatte ... verloren."

Deutung: Der reiche Mann scheint nicht sehr aufmerksam zu sein.

Begründung: Er hat sehr viel Geld aus Unvorsichtigkeit verloren.

...

Tipp
Ziehe evtl. dein Ergebnis aus Aufgabe 6 b auf Seite 23 hinzu.

b Überlege, welche Deutungshypothese du aus dem Gesamttext ableiten kannst. Begründe deine Aussagen.

2 Verfasse nun die Interpretation. Orientiere dich am Merkkasten, schreibe zuerst einen Entwurf in dein Heft und überarbeite ihn mehrfach.

Erzählen

Geschichten um- und weiterschreiben

Das **Um- oder Weiterschreiben von Erzählungen** kann sowohl zum besseren Verstehen von Geschichten als auch zur Weiterentwicklung der eigenen Erzählfähigkeit und Erzählfreude beitragen. Dazu ist es erforderlich, sich gründlich mit dem vorliegenden Text auseinanderzusetzen und den eigenen Text sinnvoll zu planen.

Beim **Weiterschreiben** von Geschichten sollten sich Inhalt und Sprache möglichst reibungslos an den Beginn anschließen. Die Fortsetzung sollte dem Originaltext in Wortwahl und Satzbau ähneln. Immer muss die Geschichte logisch aufgebaut, einleuchtend und glaubhaft sein.

Man kann Geschichten **umschreiben,** indem man zum Beispiel den Schluss oder einzelne Ereignisse und Handlungen ändert, innere Monologe oder Tagebucheinträge der Figuren verfasst, neue Figuren einfügt und/oder aus verschiedenen Perspektiven erzählt.

1 Bereite das Weiterschreiben einer Geschichte vor.

a Lies den Beginn dieser Erzählung.

Gerold Effert

Guanahani* (1995)

* *Guanahani*: ursprünglicher Name einer Insel, die zu den Bahamas gehört (heute San Salvador)

Er saß neben Britta an der Uferböschung und blickte zu der kleinen Insel im See hinüber, die eigentlich kaum mehr als ein Haufen von Geröll und Schutt war. Im Sommer des vorletzten Jahres hatte er das Inselchen entdeckt, war bald regelmäßig hinübergeschwommen, allein, und hatte stundenlang dort drüben gelegen, an einer sandigen Stelle, und auf das Wasser gestarrt. Manchmal war ein Schwarm von Fischen vorbeigezogen, junge Schleien oder Karpfen vielleicht, und an der flachen Bucht hatten sich Kaulquappen getummelt.

Als gegen Herbst hin das Wasser schon empfindlich kühl geworden war, hatte er ein Büschel Weidenruten mit hinübergenommen, hatte sie in den feuchten Boden gesteckt, wo sie sich zu seiner Freude verwurzelten und zu wachsen begannen. Bald würden sie hoch genug sein, um sich dahinter zu verstecken, eine grüne Wildnis, die ihm allein gehörte. Und im vergangenen Sommer hatte er drüben einige Wurzelknollen von Schwertlilien eingegraben.

Am liebsten möchte ich ausreißen, hörte er Britta sagen, weg von daheim, von der Schule, weit fort. Erstaunt wandte er sich zur Seite, sah, wie das Mädchen mit einer ruckenden Bewegung die schwarzen Locken schüttelte, und fragte, du auch? Ich dachte immer, mir geht es allein so. Britta warf ihm einen Blick zu und lächelte bitter. Die meisten in meiner Klasse haben es satt, sagte sie. Aber niemand traut sich, Ernst zu machen und wirklich zu verschwinden. Das kommt darauf an, erwiderte er und schaute unentwegt zu seiner Insel hinüber.

b Denke darüber nach, wie die Geschichte weitergehen könnte. Notiere erste Gedanken dazu stichpunktartig.

____

____

c Untersuche den Beginn der Erzählung genauer. Notiere Stichpunkte zum Ort der Handlung, zu den Figuren (Was erfährst du über sie?) und der Handlung selbst. Worüber sprechen die beiden?

____

____

____

d Untersuche, welche sprachlichen Mittel der Autor nutzt. Unterstreiche dazu treffende Verben, anschauliche Adjektive und Nomen.

Tipp
Orientiere dich am Merkkasten S. 67.

e Notiere die Zeilen, in denen wörtliche Rede vorkommt. Formuliere, was dir an der Figurenrede auffällt.

Zeile/-n: ____

f Untersuche, wer erzählt. Bestimme die Erzählperspektive.

____

g Untersuche den Text im Hinblick auf die Zeitgestaltung. Findet/Finden sich eins oder mehrere der folgenden Elemente im Text: *Rückblende/Vorausdeutung/ Zeitraffung/Zeitdehnung?* Nenne die Textstellen.

____

____

Tipp
Achte besonders auf Satzbau und Adverbialbestimmungen.

h Betrachte die Satzgestaltung, indem du den Text Satz für Satz liest und Textstellen markierst. Fasse deine Beobachtungen stichpunktartig zusammen. Schreibe ins Heft.

2 Entwirf jetzt eine Fortsetzung der Erzählung „Guanahani".

a Beantworte dazu folgende Fragen in Stichpunkten.

– Welche Handlungsschritte sollen folgen? ______________________

____

– Wie könnte die Geschichte enden? ______________________

– Werden weitere Figuren im Text erscheinen? Welche? ______________________

– Wie handeln, denken und fühlen die Figuren? ______________________

____

____

– Welche andere Überschrift wäre denkbar? ______________________

b Erarbeite einen Erzählplan. Dazu kannst du in deinem Heft einen Handlungsstrahl anlegen oder die Handlungsschritte untereinander in Stichpunkten notieren.

Beginn:

Handlungsschritt 1:

Handlungsschritt 2:

...

Schluss:

c Entwirf verschiedene Textteile für deine Geschichte. Schreibe in dein Heft.
– Beschreibe zum Beispiel die Umgebung genauer und das Wetter.
– Beschreibe die Figuren, ihre äußeren und inneren Merkmale.
– Schildere, was eine Figur denkt und fühlt (z. B. in einem inneren Monolog).

3 Schreibe nun mithilfe deines Erzählplans (Aufgaben 2a und b) die Fortsetzung der Geschichte in dein Heft. Lass einen breiten Rand für Überarbeitungen.

4 Überarbeite deinen Entwurf. Hake in der Checkliste ab oder ergänze deinen Text.

Checkliste: Die Erzählung überarbeiten	
Die Handlungsschritte folgen logisch aufeinander.	☐
Die Figuren sind anschaulich dargestellt.	☐
Das Geschehen wird anschaulich geschildert.	☐
Die Geschichte ist spannend (z. B. wichtige Informationen werden zurückgehalten).	☐
Sprachliche Mittel wurden verwendet.	☐
Mittel der Zeitgestaltung wurden eingesetzt (z. B. Zeitdehnung, Zeitraffung, Rückblende, Vorausdeutung).	☐

5 Schreibe die Endfassung deiner Erzählung in dein Heft.

6 Lest eure Geschichten einander vor und gebt euch Rückmeldung.

7 Schreibe deine Geschichte um, indem du sie aus Brittas Sicht erzählst. Schreibe einen Entwurf in dein Heft und überarbeite ihn mehrfach.

Lyrische Texte erschließen

Lyrische Texte analysieren und interpretieren

J. M. R. Lenz

Gedichte sind lyrische Texte, die sich durch eine besondere Gestaltung von Inhalt, Sprache und Form auszeichnen. In einer **Gedichtanalyse** untersucht man den Inhalt und die Form des Textes, um daraus Aussagen und mögliche **Deutungen (Interpretationen)** abzuleiten.

- Worum geht es **inhaltlich** in dem Gedicht? Was ist das **Thema**?
- Welche **Stimmung** geht von dem Gedicht aus?
- Wer ist das **lyrische Ich** (die lyrische Sprecherin bzw. der lyrische Sprecher)?
- Wie ist das Gedicht formal und sprachlich gestaltet?
- Was ist über die **Entstehungszeit** des Gedichts und die **Biografie** der Dichterin bzw. des Dichters bekannt?

In der **Epoche der Aufklärung** (ca. 1720–1800) waren zentrale Themen u. a. religiöse Toleranz, das Recht auf Freiheit, die Forderung nach eigenständigem Denken und vernünftigem Handeln.

In der **Epoche des Sturm und Drang** (ca. 1765–1785) entsteht hauptsächlich sogenannte Erlebnislyrik, in der Gefühle aus einem persönlichen Erleben heraus kraftvoll zum Ausdruck gebracht werden. Es wird bewusst mit den bis dahin üblichen Regeln der Dichtkunst und Sprache gebrochen.

Ein Gedicht untersuchen

1 Untersuche das folgende Gedicht aus der Epoche *des Sturm und Drang.*

a Lies das Gedicht oder lass es dir vorlesen.

Jakob Michael Reinhold Lenz (1751–1792)

Wo bist du itzt

Wo bist du itzt, mein unvergeßlich Mädchen,
Wo singst du itzt?
Wo lacht die Flur, wo triumphiert das Städtchen,
Das dich besitzt?

Seit du entfernt, will keine Sonne scheinen,
Und es vereint
Der Himmel sich, dir zärtlich nachzuweinen,
Mit deinem Freund.

All unsre Lust ist fort mit dir gezogen,
Still überall
Ist Stadt und Feld. Dir nach ist sie geflogen,
Die Nachtigall.

O komm zurück! Schon rufen Hirt und Heerden
Dich bang herbei.
Komm bald zurück! Sonst wird es Winter werden
Im Monat Mai.

(1772/73)

itzt: jetzt
unvergeßlich: veraltete Schreibung mit *ß*
Heerden: die Herde, die Herden (von Tieren)
bang: ängstlich, furchtsam

Wortliste
sehnsuchtsvoll/
traurig/
verzweifelt/
bedrückend

b Welche Grundstimmung geht für dich von dem Gedicht aus? Schreibe einen ganzen Satz.

c Lies das Gedicht noch einmal. Notiere stichpunktartig, was man über die Stimmung und Gedanken des lyrischen Ich erfährt. Nutze dafür die Zeilen neben dem Gedicht.

Hinsichtlich der **Form** und **Sprache** untersucht man im Gedichttext zum Beispiel:
- Verse und Strophen, z. B.: Anzahl, Gestaltung bzw. Form, Zeilensprünge (Enjambement),
- Reime, z. B.: Paarreim *(a a b b)*, Kreuzreim *(a b a b)*, umarmender Reim *(a b b a)*,
- sprachliche (stilistische) Mittel wie:
  - sprachliche Bilder, anschauliche Ausdrücke, z. B.: *leuchtende Augen*,
  - Metaphern, z. B.: *ein Blätterdach*,
  - Vergleiche, z. B.: *hell wie das Licht*,
  - Personifizierungen, z. B.: *der Himmel weint*,
  - Satzbau und Zeichensetzung, z. B.: *Im Herbst die Blätter bunt fallen.*

d Notiere die Anzahl der Strophen und Verse sowie das Reimschema.

Tipp
Beziehe den Merkkasten mit ein.

e Untersuche die sprachliche Gestaltung des Gedichtes. Übertrage die Tabelle in dein Heft und ergänze sie.

Strophe	sprachliche Mittel/Beispiel	Aussage/Wirkung
1	– *Fragesätze: „Wo bist du itzt?"/...* – *direktes Ansprechen des Mädchens (Du-Form): „mein unvergesslich Mädchen," (Vers 1)* ...	*Das lyrische Ich ist verzweifelt, weiß nicht, wo sein Mädchen jetzt ist.* ...
2	...	...
...	...	...

f Fasse zusammen, was das lyrische Ich empfindet und was es „seinem Mädchen" mitteilt. Schreibe deine Antwort in ganzen Sätzen in dein Heft.

g Recherchiere im Internet zu Leben und Werk des Dichters Jakob Michael Reinhold Lenz. Überlege, ob und wie die biografischen Informationen deine Interpretation (Deutung) des Gedichts beeinflussen. Notiere, welche Zusammenhänge zwischen seinem Leben und dem Gedicht denkbar sind.

Tipp
Beziehe den Merkkasten auf S. 29 mit ein.

h Weise nach, dass es sich um ein typisches Gedicht des *Sturm und Drang* handelt. Schreibe in dein Heft.

Ein weiteres Gedicht untersuchen

Haß/muß: alte Schreibung mit *ß*
that/Thaten/thun: alte Schreibung mit *th*

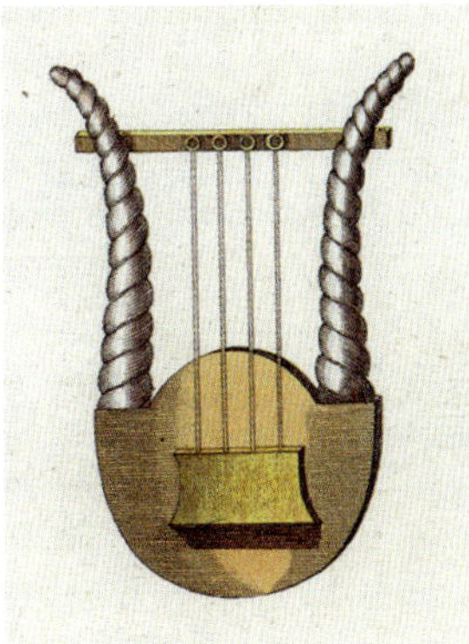

2 Erschließe ein weiteres Gedicht.

a Lies das Gedicht oder lass es dir vorlesen.

Johann Wilhelm Ludwig Gleim (1719–1803)

Die Leier

Die Kriegeshelden standen
Mir alle vor'm Gesicht;
Ich wollte sie besingen,
Die Leier wollte nicht!

Ich bat sie, mir zu dienen,
Die Leier schmollte mir:
»Ich bin ja keine *Trommel*,
Die *Trommel* diene dir!

Die Kriegeshelden singe,
Wer Haß und Wasser liebt,
Und seines Lebens Freuden
Für Rauch der Ehre gibt!«

Hast Recht, du liebe Leier,
Sagt' ich und that den Eid:
Von Liebe nur zu singen
Und nur von Menschlichkeit!

»Man muß die Kriegeshelden
Nicht singen«, sprach sie nun,
»Man reizt sie nur, der Thaten
Des Krieges mehr zu thun!«

(um 1795/1800)

b Notiere stichpunktartig deine Gedanken und Fragen zum Gedicht.

c Überlege, was man über das lyrische Ich erfährt. Lies dazu noch einmal und notiere, wer das lyrische Ich sein könnte und in welcher Stimmung es sein könnte. Begründe deine Meinungen stichpunktartig.

d Das lyrische Ich führt ein Zwiegespräch mit seiner Leier. Untersuche, welche unterschiedlichen Meinungen darin zum Ausdruck kommen. Notiere deine Ergebnisse nach folgendem Muster.

Das lyrische Ich: will die Kriegshelden besingen — *Die Leier: will nicht*

Das lyrische Ich: ... — *Die Leier:*

Tipp
Lies noch einmal im Merkkasten Seite 30 nach.

e Untersuche die formale Gestaltung des Gedichts. Beschreibe den Aufbau und bestimme das Reimschema.

f Untersuche die sprachliche Gestaltung des Gedichts. Übertrage die Tabelle in dein Heft und ergänze sie.

Strophe	sprachliche Mittel/Beispiel	Aussage/Wirkung
1	*Ausrufesatz: „Die Leier wollte nicht!" (Vers 4)*	*verdeutlicht die Ablehnung ...*
...	*Wiederholung: ...*	...
...	*Gegensatz: ...*	...

g Lies noch einmal die letzte Strophe und fasse mit eigenen Worten zusammen, welche „Lehre" die Leier dem lyrischen Ich erteilt.

h Beurteile, ob der Titel „Die Leier" zum Inhalt des Gedichts passt. Begründe deine Meinung.

i Weise nach, dass es sich um ein typisches Gedicht der *Aufklärung* handelt.

j Recherchiere im Internet zu Leben und Werk des Dichters Johann Wilhelm Ludwig Gleim. Notiere wichtige Informationen in dein Heft.

Interpretationen zu lyrischen Texten verfassen

Das Ziel einer **Interpretation** ist es, mögliche Aussagen eines lyrischen Textes herauszuarbeiten, d. h. den **Text** zu **deuten (interpretieren)**. Diese Deutungen müssen mithilfe von Textstellen (Zitaten) belegt werden. Eine gründliche **Analyse** des Gedichts ist die Voraussetzung für das Verfassen einer Interpretation. Eine Textinterpretation schreibt man im Präsens. Sie sollte folgende **Bestandteile** aufweisen:

- **Einleitung:**
  - Name der Dichterin bzw. des Dichters, evtl. biografische Daten
  - Textsorte (z. B.: Gedicht, Ballade, Volkslied)
  - Titel, Thema sowie erster Eindruck vom Text
- **Hauptteil:**
  - kurze Inhaltsangabe
  - Interpretationshypothese(n) zum Gesamttext: zusammenfassende Annahme(n) bzw. Deutungen zu zentralen Botschaften bzw. Aussagen des Gedichts
  - Begründung der Interpretationshypothese(n) durch: Darstellung und Deutung des Inhalts, der Form und der Sprache (stilistische Mittel) und deren Wirkung
- **Schluss:**
  - eigene Meinung zu dem im Gedicht Dargestellten
  - Bezug zum eigenen Leben

Eine Interpretation zu einem Gedicht verfassen

3 Verfasse eine Interpretation zum Gedicht „Die Leier" aus Aufgabe 2 (S. 31).

a Lies das Gedicht noch einmal.

b Lies die beiden Interpretationshypothesen und überlege, welche du übernehmen möchtest. Kreuze diese an.

c Schreibe eine Einleitung für deine Interpretation. Schreibe in dein Heft.

Das Gedicht „Die Leier" stellt in Form eines Zwiegespräches unterschiedliche Meinungen zur Verehrung von Kriegshelden dar.	☐
Das Gedicht „Die Leier" thematisiert das Verhalten gegenüber Kriegshelden. Es macht deutlich, dass die Verherrlichung von Kriegshelden Anreiz für noch mehr Kriegsheldentum ist.	☐

Das Gedicht „Die Leier" hat ... 17... verfasst. ... Thema dieses Gedichts ...

Tipp
Inhaltsangaben werden in der Regel im Präsens geschrieben.

d Verfasse jetzt den Hauptteil deiner Interpretation in dein Heft.
Orientiere dich am Merkkasten und beginne mit einer kurzen Inhaltsangabe.
Im Gedicht spricht ein lyrisches Ich ...

e Schreibe nun einen Schluss zu deiner Interpretation.

Eine Interpretation zu einem Gedicht überarbeiten

f Überarbeite deinen Entwurf. Orientiere dich an den Angaben im Merkkasten und achte auf die Rechtschreibung sowie treffende Formulierungen.

Du kannst folgende Formulierungen nutzen:

3d Aufbau: *Das Gedicht besteht aus … Strophen, die …*
Sprache und deren Wirkung: *Sprachliche Besonderheiten sind z. B. … / Auffällig ist/sind auch … / Damit wird … verdeutlicht. / Dies wirkt auf die Leser …*

3e Schluss: *Ich finde … / Das Gedicht hat mich …*

Dramenszenen erschließen

Die Handlung einer Dramenszene erschließen

Das **Drama** ist ein literarischer Text der Gattung **Dramatik,** der zur Aufführung auf einer Bühne verfasst ist. Es handelt sich also um ein Bühnenstück.
Ein **dramatischer Text** ist in **Aufzüge** (oder **Akte**) eingeteilt, die wiederum aus **Szenen** bestehen. Der dramatische Text besteht im **Haupttext** aus wörtlicher Rede, d. h. aus Monologen (Selbstgesprächen) und Dialogen (Zwiegesprächen) von Figuren. Zusätzlich gibt es oft Regieanweisungen, die Hinweise auf Ort und Zeit des Geschehens, die Gestaltung der Bühne und Requisiten sowie Handlungen und Sprechweise der Figuren geben. Regieanweisungen sind als **Nebentext** meist schräg gedruckt oder auf andere Weise vom Haupttext abgehoben.
Oft werden in Dramen **Konflikte** und deren Lösung behandelt.

1 Lerne das Drama „Romeo und Julia" von William Shakespeare kennen.

a Lies den folgenden Einführungstext zum Drama.

* *um 1596*: Die Angaben zum Entstehungsjahr schwanken zwischen 1591 bis 1597.

William Shakespeare schrieb um 1596* das Drama „Romeo und Julia", das in 5 Akte und insgesamt 24 Szenen sowie einen Prolog (Vorrede) gegliedert ist. Im Mittelpunkt der Handlung, die in Verona und höchstwahrscheinlich im 15. Jahrhundert spielt und den Zeitraum von knapp einer Woche umfasst, stehen die beiden Jugendlichen Romeo und Julia, die sich auf einem Maskenball ineinander verlieben. Allerdings müssen sie ihre Liebe verheimlichen, denn ihre Familien sind seit langer Zeit miteinander verfeindet. Heimlich heiraten die beiden Liebenden bereits am Tag nach ihrem Kennenlernen.
Bei einer der tätlichen Auseinandersetzungen zwischen den verfeindeten Familien tötet Julias Cousin Tybalt einen Freund Romeos. Daraufhin tötet Romeo im Zweikampf Tybalt. Romeo wird aus Verona nach Mantua verbannt.
Erst nach dem tragischen Tod der Liebenden begraben die Familien ihren Streit.

b Stelle Vermutungen an, was auf der Bühne zu sehen sein könnte. Notiere deine Ideen stichpunktartig.

____

____

____

2 Eine berühmte Szene des Dramas spielt in der Morgendämmerung.

a Lies einen Ausschnitt der Szene. Folgende Figuren treten auf.

Romeo *(einziger Sohn der Familie Montague, ca. 17 Jahre)*
Julia *(einzige Tochter der Familie Capulet, knapp 14 Jahre)*
Gräfin Capulet *(Julias Mutter, ca. 26/27 Jahre alt)*
Graf Capulet *(Julias Vater, wesentlich älter als seine Frau)*
Wärterin *(Julias Amme)*

William Shakespeare (1564–1616)

Romeo und Julia

3. Akt / 5. Szene

Capulets Garten
Romeo und Julia oben am Fenster

JULIA. Willst du schon gehn? Der Tag ist ja noch fern.
Es war die Nachtigall und nicht die Lerche,
Die eben jetzt dein banges Ohr durchdrang;
Sie singt des Nachts auf dem Granatbaum dort.
Glaub, Lieber, mir: es war die Nachtigall.
ROMEO. Die Lerche war's, die Tagverkünderin,
Nicht Philomele*; sieh den neid'schen Streif,
Der dort im Ost der Frühe Wolken säumt.
Die Nacht hat ihre Kerzen ausgebrannt,
Der munt're Tag erklimmt die dunst'gen Höhn;
Nur Eile rettet mich, Verzug ist Tod.
JULIA. Trau mir, das Licht ist nicht des Tages Licht,
Die Sonne hauchte dieses Luftbild aus,
Dein Fackelträger diese Nacht zu sein,
Dir auf dem Weg nach Mantua zu leuchten;
Drum bleibe noch; zu gehn ist noch nicht Not.
ROMEO. [...] Ich bleibe gern; zum Gehn bin ich verdrossen.
Willkommen, Tod, hat Julia dich beschlossen! –
Nun, Herz? Noch tagt es nicht, noch plaudern wir.
JULIA. Es tagt, es tagt! Auf, eile, fort von hier!
Es ist die Lerche, die so heiser singt
Und falsche Weisen, rauen Misston gurgelt. [...]
Die Stimm ist's ja, die Arm aus Arm uns schreckt,
Dich von mir jagt, da sie den Tag erweckt.
Stets hell und heller wird's: wir müssen scheiden.
ROMEO. Hell? Dunkler stets und dunkler unsre Leiden!
[...]
JULIA. *(das Fenster öffnend)*
Tag, schein herein, und Leben, flieh hinaus!
ROMEO. Ich steig hinab; lass dich noch einmal küssen!
(Er steigt aus dem Fenster.)
JULIA. *(aus dem Fenster ihm nachsehend)*
Freund! Gatte! Trauter! Bist du mir entrissen?
Gib Nachricht jeden Tag, zu jeder Stunde;
Schon die Minut enthält der Tage viel.
Ach, so zu rechnen, bin ich hoch in Jahren,
Eh meinen Romeo ich wieder seh.
ROMEO. *(außerhalb)*
Leb wohl! Kein Mittel lass ich aus den Händen,
Um dir, du Liebe, meinen Gruß zu senden.
JULIA. O denkst du, dass wir je uns wieder sehn?
ROMEO. Ich zweifle nicht, und all dies Leiden dient
In Zukunft uns zu süßerem Geschwätz.

* *Philomele*: Figur aus der griechischen Mythologie, die zum Schutz von Zeus in eine Nachtigall verwandelt wurde.

Giulia Luzi und Federico Marignetti (Musical, Regie: David Zard, Turin 2015)

JULIA. O Gott, ich hab ein Unglück ahnend Herz,
Mir deucht, ich säh dich, da du unten bist,
Als lägst du tot in eines Grabes Tiefe.
Mein Auge trügt mich, oder du bist bleich.
ROMEO. So, Liebe, scheinst du meinen Augen auch.
Der Schmerz trinkt unser Blut. Leb wohl, leb wohl! *(Ab.)*
JULIA. O Glück, ein jeder nennt dich unbeständig;
Wenn du es bist: was tust du mit dem Treuen?
Sei unbeständig, Glück! Dann hältst du ihn
Nicht lange, hoff ich, sendest ihn zurück.
[...]

Gräfin Capulet kommt in Julias Zimmer und findet diese weinend vor. Sie meint, Julia weine wegen Tybalt. Sie sagt ihr, jetzt gelte es, Rache an Romeo zu nehmen, um Tybalts Tod zu sühnen. Und der Vater habe ein Freudenfest für sie geplant, um sie aufzuheitern.

GRÄFIN CAPULET. Ja, denk dir, Kind! Am Donnerstag frühmorgens
Soll der hochedle, wackre junge Herr,
Graf Paris, in Sankt Peters Kirche dich
Als frohe Braut an den Altar geleiten.
JULIA. Nun, bei Sankt Peters Kirch und Petrus selbst!
Er soll mich nicht als frohe Braut geleiten.
Mich wundert diese Eil, dass ich vermählt
Muss werden, eh mein Freier kommt zu werben.
Ich bitt Euch, gnäd'ge Frau, sagt meinem Vater
Und Herrn, ich wolle noch mich nicht vermählen;
Und wenn ich's tue, schwör ich: Romeo,
Von dem Ihr wisst, ich hass ihn, soll es lieber
Als Paris sein. – Fürwahr, das ist wohl Zeitung!
GRÄFIN CAPULET. Da kommt dein Vater, sag du selbst ihm das;
Sieh, wie er sich's von dir gefallen lässt. [...]

Graf Capulet kommt mit der Wärterin hinzu und erfährt von seiner Frau, dass Julia mit der geplanten Hochzeit nicht einverstanden ist. Empört darüber wirft er Julia vor, dass sie undankbar sei. Auf Julias erklärende Worte und Bitten reagiert er gereizt.

CAPULET. [...] Hör, Fräulein Zierlich du,
Nichts da gedankt von Dank, stolziert von Stolz!
Rück nur auf Donnerstag dein zart Gestell zurecht,
Mit Paris nach Sankt Peters Kirch zu gehn,
Sonst schlepp ich dich auf einer Schleife hin.
Pfui, du bleichsücht'ges Ding, du lose Dirne!
Du Talggesicht!
GRÄFIN CAPULET. O pfui! Seid Ihr von Sinnen? [...]
CAPULET. Geh mir zum Henker, widerspenst'ge Dirne!
Ich sage dir's: zur Kirch auf Donnerstag,
Sonst komm mir niemals wieder vor's Gesicht.
Sprich nicht! Erwidre nicht! Gib keine Antwort!
Die Finger jucken mir. O Weib, wir glaubten
Uns kaum genug gesegnet, weil uns Gott
Dies eine Kind nur sandte; doch nun seh ich,
Dies eine war um eines schon zu viel,

Und nur ein Fluch ward uns in ihr beschert.
Du Hexe! [...]

GRÄFIN CAPULET. Ihr seid zu hitzig!

CAPULET. [...]
Gut, willst du nicht, du sollst entschuldigt sein;
Grast, wo Ihr wollt, Ihr sollt bei mir nicht hausen.
Seht zu! Bedenkt! Ich pflege nicht zu spaßen.
Der Donnerstag ist nah: die Hand aufs Herz!
Und bist du mein, so soll mein Freund dich haben;
Wo nicht: geh, bettle, hungre, stirb am Wege!
Denn nie, bei meiner Seel, erkenn ich dich,
Und nichts, was mein, soll dir zugute kommen.
Bedenke dich! Glaub, ich halte, was ich schwur! *(Ab.)*

JULIA. Und wohnt kein Mitleid droben in den Wolken,
Das in die Tiefe meines Jammers schaut?
O süße Mutter, stoß mich doch nicht weg!
Nur einen Monat, eine Woche Frist!
Wo nicht, bereite mir das Hochzeitsbette
In jener düstern Gruft, wo Tybalt liegt!

GRÄFIN CAPULET.
Sprich nicht zu mir, ich sage nicht ein Wort.
Tu, was du willst, du gehst mich nichts mehr an. *(Ab.)*
[...]

Julia wendet sich in ihrer Not an ihre Wärterin und bittet sie um Trost und Rat. Diese rät ihr, der Hochzeit zuzustimmen, da Romeo aus der Verbannung nicht zurückkehren wird und sie mit Graf Paris ein besseres Schicksal erwarte.

JULIA. O alter Erzfeind, höllischer Versucher!
Ists ärgre Sünde, so zum Meineid mich
Verleiten, oder meinen Gatten schmähn
Mit eben dieser Zunge, die zuvor
Viel tausendmal ihn ohne Maß und Ziel
Gepriesen hat? – Hinweg, Ratgeberin!
Du und mein Busen sind sich künftig fremd. –
Ich will zum Mönch, ob er nicht Hilfe schafft.
Schlägt alles fehl, hab ich zum Sterben Kraft. *(Ab.)*

b Notiere deine ersten Gedanken und Gefühle oder auch Fragen zum Text.

Claire Danes und Leonardo DiCaprio (Kinofilm, Regie: Baz Luhrmann, 1996)

Die Handlung einer Szene/eines Szenenausschnitts erschließen

3 Erschließe den Dramenauszug in Aufgabe 2a schrittweise.

a Lies noch einmal den Einführungstext in Aufgabe 1a (S. 34) und den Dramenausschnitt in Aufgabe 2a (S. 34).
Notiere Handlungsort, Handlungszeit und handelnde Figuren.

Handlungsort: ______________________

Handlungszeit: ______________________

Figuren: ______________________

____

Tipp
Nutze auch die Nebentexte (Regieanweisungen).

b Untersuche die Handlung des Dramenauszugs. Notiere das Handlungsgeschehen in Form von Handlungsschritten in dein Heft.
- *Romeo hat heimlich bei Julia übernachtet.*
- *Romeo will gehen ...*
- *Julia ...*
- *Gräfin Capulet ...*

...

c Notiere, worüber Romeo und Julia sprechen. Schreibe ins Heft.
1. Julia bittet Romeo, noch zu bleiben.
2. ...

d Welche Konflikte deuten sich in diesem Dramenauszug an? Notiere deine Vermutungen und begründe sie mit Textstellen. Schreibe ins Heft.
Julia und Romeo lieben sich, aber ... (Zeilen 46–51)

Die Figuren einer Dramenszene analysieren

Um **Dramenszenen** zu **erschließen,** muss man die **Figuren** genau **untersuchen.** Dazu sollte man den **dramatischen Text** mehrmals lesen und sich fragen:
Was erfährt man über
- **äußere Merkmale der Figur** (Aussehen, Alter, Kleidung usw.),
- **innere Merkmale der Figur,** z. B.:
  - die **Lebensumstände** (Freunde, Familie, Wohnung, Schule usw.)
  - das **Verhalten** (zu Hause, unter Freunden, in bestimmten Situationen usw.),
  - **Gedanken und Gefühle,** Interessen usw.,
  - die **Sprache** (Wortwahl, Ausdrucksweise, Sprechweise)

und welche **Eigenschaften** lassen sich jeweils daraus ableiten? Bei der Analyse kann man sich am **Nebentext** und am **Haupttext (Figurenrede),** also an **beschreibenden Aussagen** der Figuren orientieren, z. B.:
JULIA *O Gott, ich hab ein Unglück ahnend Herz* (Z. 46) → Julia befürchtet ein Unglück.
Man kann Eigenschaften einer Figur auch aus ihren Handlungen ableiten, z. B.:
aus dem Fenster ihm nachsehend (Z. 34) → Julia nimmt schweren Herzens Abschied von Romeo.

Die Figuren einer Dramenszene analysieren

4 Untersuche die Figuren im Dramenauszug von Aufgabe 2 a (S. 34).

a Untersuche, ob der Text etwas über die äußeren Merkmale der Figuren aussagt. Wenn nicht, beschreibe, wie du dir die Figuren vorstellst, z. B. Aussehen, Statur, Kleidung, Art der Bewegung, besondere Merkmale. Schreibe in dein Heft.
Julia: langes, dunkles Haar, …

Wortliste
besorgt/
ängstlich/
verzweifelt/
liebevoll/
gefühlvoll/
ahnungsvoll/
wütend/
enttäuscht/
heuchlerisch/
erzürnt

b Untersuche die inneren Merkmale der Figuren. Was sagen ihre Äußerungen und ihr Verhalten über sie aus? Ergänze die Tabelle.

Figur	Äußerungen / Verhalten	mögliche Gedanken und Gefühle	mögliche Eigenschaften
Julia			*will ihre Versprechen halten, treu sein*
Romeo		*Ich will nicht fort von Julia.*	
Gräfin Capulet	*versucht Julia aufzuheitern*		

c Untersuche die Sprache der Figuren genauer. Achte dabei besonders auf die Wortwahl, den Satzbau und die Zeichensetzung. Notiere deine Ergebnisse im Heft nach folgendem Muster.
Romeo verwendet bildhafte Begriffe, z. B. eine Personifikation: „Die Nacht hat ihre Kerzen ausgebrannt.“ (Z. 11)
Zusammenfassung: Romeos Sprache ist/wirkt …
Julia verwendet häufig kurze Ausrufe, z. B.: …
Zusammenfassung: …
…

d Im Text heißt es „Es war die Nachtigall und nicht die Lerche, die eben jetzt dein banges Ohr durchdrang.“ (Z. 4–5). Erkläre, welche Bedeutung diese Aussage für die beiden Liebenden hat.

____

____

____

Tipp
Nutze deine Ergebnisse aus den Aufgaben 2–4.

e Denke genauer über die Beziehung von Romeo und Julia nach. Was hältst du von der Beziehung? Formuliere deine Meinung und begründe sie. Schreibe in dein Heft.

Eine Dramenszene interpretieren

Das Ziel einer **Interpretation** ist es, mögliche Aussagen einer Dramenszene herauszuarbeiten, d. h. den Text zu **deuten (interpretieren).** Diese Deutungen müssen mithilfe von Textstellen (Zitaten) belegt werden. Eine gründliche **Analyse** einer Dramenszene ist die Voraussetzung für das Verfassen einer Interpretation. Eine **Textinterpretation** schreibt man im Präsens. Sie sollte folgende Bestandteile aufweisen:
Einleitung:
Name der Autorin bzw. des Autors, evtl. biografische Daten, Textsorte, Titel, Thema sowie erster Eindruck von der Dramenszene,
Hauptteil:
kurze Inhaltsangabe,
Interpretationshypothese(n) zum Gesamttext: zusammenfassende Annahme(n) bzw. Deutungen zu zentralen Botschaften bzw. Aussagen der Szene,
Begründung der Interpretationshypothese(n) durch Darstellung und Deutung von Besonderheiten der Handlungs-, Orts-, Zeit- und Figurengestaltung, Darstellung und Deutung besonderer sprachlicher (stilistischer) Mittel und deren Wirkung,
Schluss:
eigene Meinung zu dem in der Dramenszene Dargestellten,
Bezug zum eigenen Leben.

Einen Auszug aus einer Dramenszene interpretieren

Tipp
Orientiere dich am Merkkasten.

5 Schreibe eine Interpretation zu dem Dramenauszug (S. 34). Nutze deine Notizen zu den Aufgaben 2–4.

a Schreibe eine Einleitung für deine Interpretation in dein Heft. Du kannst so beginnen:
Das Drama „Romeo und Julia“ ist von William Shakespeare um 1596 verfasst worden. ...

b Verfasse eine kurze Inhaltsangabe:
Inhaltsangabe:
In dem Dramenauszug führen Romeo und Julia ein Gespräch, in dem die beiden Liebenden ihre Zuneigung und Sehnsucht, aber auch ihre Ängste äußern. ...

c Formuliere auf der Grundlage deiner Untersuchungsergebnisse aus den Aufgaben 2 bis 4 (S. 34–39) eine Interpretationshypothese. Schreibe ins Heft.
Interpretationshypothese (mit Begründung):
Der Dramenauszug lässt vermuten, dass die Liebe zwischen Romeo und Julia tragisch enden wird, weil ...

d Schreibe nun den Hauptteil deiner Interpretation. Nutze dafür auch deine Ergebnisse aus den Aufgaben b und c.

e Schreibe einen Schluss für deine Interpretation. Beziehe deine Meinung mit ein.
Zusammenfassend lässt sich sagen, dass das Drama "Romeo und Julia" ...

f Überarbeite deine Interpretation. Orientiere dich an den Angaben im Merkkasten und achte auf die Rechtschreibung sowie treffende Formulierungen.

Facharbeiten schreiben

Eine **Facharbeit** ist eine zusammenhängende Arbeit zu einem bestimmten **Thema,** in der man sich mit dem Thema intensiv und selbstständig auseinandersetzt. Dazu muss man **Informationen beschaffen,** das **Material auswerten** und die **Ergebnisse** in schriftlicher Form **darstellen.** Die **Facharbeit** muss übersichtlich **gegliedert** sein: Deckblatt, Inhaltsverzeichnis (Gliederung), Text, Anhang (Quellenverzeichnis, Selbstständigkeitserklärung). Der **Umfang** (ohne Anhang) beträgt ca. 8–10 Seiten, einseitig bedruckt und nummeriert. Die Schriftart muss gut lesbar sein (Times New Roman, Arial oder Calibri, Schriftgrad 12, Zeilenabstand 1,5), die Ränder betragen 4 cm (links) und mind. 2 cm (alle übrigen). Gegebenenfalls sind Vorgaben aus dem Fachunterricht zu beachten.
Um Herkunft und Wortlaut von Daten, Fakten, **direkten** und **indirekten Zitaten** überprüfbar zu machen, muss man die **Quellen** angeben, innerhalb von Texten meist als Kurzangabe, z. B.: *„Was fällt uns wohl zuerst auf, wenn wir das England Shakespeares besuchen?" (Mortimer, 2020, S. 16). Mortimer schreibt, es werden wohl die Gerüche in den Städten sein. (vgl. Mortimer, 2020, S. 16).*
Am Ende der Arbeit steht ein alphabetisch geordnetes **Quellenverzeichnis** mit **vollständigen Quellenangaben.** Dabei unterscheidet man:
Buch: Name, Vorname: Titel. Ort: Verlag, Jahr, Seite(n).
Zeitung oder Zeitschrift: Name, Vorname: Titel. Aus: Zeitung/Zeitschrift, Nr. bzw. Datum der Ausgabe, Seite(n).
Internet: Verfasserin/Verfasser (wenn vorhanden): Titel. Online im Internet: Internetadresse [Datum des Abrufs].

Das Thema einer Facharbeit erschließen

1 Stell dir vor, du hast die Aufgabe erhalten, eine Facharbeit zum Thema „Shakespeare – Dichter, Schauspieler und Theaterdirektor" zu schreiben. Du hast dir schon einige Fragen zum Thema notiert. Überlege, welche weiteren Fragen du dir stellen könntest. Ergänze zwei Fragen.

Wann und wo hat Shakespeare gelebt? Was hat er geschrieben? War er ein guter Schauspieler?

____

2 Recherchiere Informationen zum Thema und notiere alle genutzten Quellen genau.

a Wiederhole zuerst mithilfe des Merkkastens, wie du Quellenangaben notierst.

b Überprüfe und korrigiere folgende Quellenangaben. Korrigiere hier im Heft mit Rot und schreibe sie dann korrekt in dein Heft oder nutze ein Textverarbeitungs-Programm des Computers.

Tipp
Lege dafür eine extra Datei an. Nenne sie z. B.: *FA_Shakespeare_Quellen*

Achtung, Fehler!

- Blutiger William. Barth, Rafael: Aus: Sächsische Zeitung, 1./2.02.2014, S. M5.
- Oberst, Helmut: Shakespeare kennen lernen. 2002, AOL Verlag, Lichtenau, S. 3.
- 04.08.2023: Online im Internet: William Shakespeare. *https://www.lektuere.com/biografie/william-shakespeare/*
- Ian Mortimer: Shakespeares Welt. So lebten, liebten und litten die Menschen im 16. Jahrhundert. (Übersetzt von Karin Schuler.) München: Piper Verlag, 2020, S. 16.

Tipp
Überlege geeignete Schlüsselwörter.

c Recherchiere weitere Quellen und notiere sie genau. Schreibe ins Heft oder arbeite am Computer.

d Entscheide, welche Quellen du für die Facharbeit nutzen willst, und werte sie gründlich aus.

3 Eine Facharbeit gliedert man nach Unterthemen.

a Überlege, welches der folgenden Unterthemen keinen direkten Bezug zum Thema der Facharbeit hat. Kreuze an und begründe deine Entscheidung in einem Satz.

- ☐ Leben und Werk William Shakespeares
- ☐ Shakespeares Leben im Elisabethanischen Zeitalter
- ☐ Zwei bekannte Tragödien Shakespeares als Schullektüre: „Romeo und Julia" u. „Hamlet"
- ☐ Der Dramatiker Christopher Marlowe – ein Zeitgenosse
- ☐ Wirkungsstätte Shakespeares: das Globe Theater

Begründung: ______________________________

____

Tipp
Lege eine Datei an, in der du ergänzen und überarbeiten kannst.
Nenne sie z. B.: *FA_Shakespeare*

b Wähle aus der Auflistung in Aufgabe a Teilüberschriften für die Facharbeit über Shakespeare aus und ergänze gegebenenfalls eigene. Notiere sie ins Heft oder arbeite am Computer.

c Erstelle eine Gliederung. Orientiere dich an folgendem Muster und ergänze mithilfe des Notizzettels. Nimm ggf. auch eigene Ideen auf.

Gliederung

1 Einleitung
2 William Shakespeares Leben und dramatische Werke
  2.1 Lebensdaten Shakespeares
  2.2 Shakespeares Dramen
    2.2.1 …
    2.2.2 …
    2.2.3 …
3 Shakespeares Wirkungsstätte – das Globe Theater
  3.1 …
  3.2 …
4 Geschichtlicher Hintergrund
  4.1 …
  4.2 …
5 Fazit: Shakespeares Bedeutung als Dramatiker
6 Anhang: Quellenverzeichnis, Selbstständigkeitserklärung

- Shakespeares Tätigkeiten am Globe Theater
- Wichtige Fakten rund um das Globe Theater
- England im ausgehenden 16. Jahrhundert
- Bedeutung des Elisabethanischen (Goldenen) Zeitalters für das Theater
- Das Drama „Romeo und Julia"
- Das Drama „Hamlet"
- Übersicht zu Shakespeares bekanntesten Dramen

Den Text einer Facharbeit schreiben

4 Plane eine Einleitung für die Facharbeit.

a Was könntest du in der Einleitung schreiben? Notiere deine Ideen.

Thema der Facharbeit: ______________________________

Begründung der Themenwahl: ______________________________

____

Ziel der Facharbeit: ______________________________

____

Aufbau der Facharbeit: ______________________________

____

____

b Die Einleitung sollte mit einem Interesse weckenden Satz beginnen. Formuliere einen geeigneten Einleitungssatz im Heft oder arbeite am Computer.

c Verfasse anhand deiner Notizen aus Aufgabe 4a eine Einleitung für die Facharbeit. Schreibe in dein Heft oder arbeite am Computer.

5 Bereite das Schreiben des Hauptteils deiner Facharbeit vor.

a Überlege und entscheide zuerst, ob du eine vollständige Facharbeit zum Thema „Shakespeare" oder zu einem anderen Thema aus dem Deutsch- oder Fachunterricht schreiben möchtest.

b Wenn du ein eigenes Thema wählst, bereite deine Facharbeit mithilfe der Aufgaben 1 bis 4 (S. 41–43) vor.

c Recherchiere jetzt genauer zu den Teilthemen deiner Gliederung. Notiere die Informationen stichpunktartig. Schreibe ins Heft oder arbeite in deiner Datei am Computer.

d Entwirf einen informativen Text zu deinem Thema, in dem du alle Punkte und Unterpunkte deiner Gliederung berücksichtigst.

6 Schreibe den Schluss deiner Facharbeit. Fasse die Ergebnisse zusammen, formuliere ggf. offene Fragen oder einen Ausblick.

Tipp
Denke auch an die Selbstständigkeitserklärung.

7 Überarbeite deinen Text gründlich. Achte dabei auf Inhalt, Wortwahl, Satzbau, Zeichensetzung und Rechtschreibung und genaue Quellenangaben.

4a Du kannst z. B. aus folgenden Stichpunkten auswählen:
historische Themen interessieren mich / Die Vielseitigkeit Shakespeares darstellen / Leben und Dramen Shakespeares – seine Arbeit am Globe Theater – historische Hintergründe / „Shakespeare – ein vielseitiger Künstler"

4b Du kannst z. B. aus folgenden Sätzen auswählen:
Fast 500 Jahre alt und noch nicht aus der Mode. / Ein Engländer hat es ohne Internet geschafft, weltberühmt zu werden.

5d Du kannst z. B. folgende Formulierungen verwenden.
In der vorliegenden Facharbeit geht es um … / Der erste Gliederungspunkt behandelt … / Das zweite Unterthema heißt „ …" / Außerdem geht es um … / Zusammenfassend lässt sich sagen …

Wortarten und Wortformen

Die Wortarten im Überblick

Tipp
Nutze die Übersicht auf der inneren Umschlagseite.

1 Wiederhole die Wortarten.

a Finde im Text je drei Beispiele für die Hauptwortarten Nomen, Verb und Adjektiv und schreibe sie auf.

Der Schiefe Turm von Pisa

Das Kennzeichen des berühmten Turms von Pisa, das man überall auf der Welt kennt, ist seine schräge Ansicht. Er wurde von 1173 bis 1372 mit mehreren Unterbrechungen erbaut. Er war bereits schief, als man am dritten Geschoss arbeitete. Man vermutete zunächst, dass der Baumeister sein besonderes Geschick unter Beweis stellen wollte. Aber diese Legende wurde bereits widerlegt, denn man nimmt heute an, dass eine Bodensenkung für die Schräge des Turms verantwortlich ist. Der Untergrund besteht nämlich aus Morast und Sand, der sich unter dem Gewicht des Baus verformt. Die Schieflage wird noch verstärkt, da jährlich viele Touristen dieses außergewöhnliche Bauwerk besichtigen und zu Tausenden die 294 Stufen bis zu einer Höhe von ca. 56 Metern erklimmen. Allerdings wurden umfangreiche Baumaßnahmen zum Schutz des Gebäudes durchgeführt, sodass die Einsturzgefahr beseitigt wurde. Das ermöglicht weiterhin, das wohl bekannteste schiefe Bauwerk der Welt zu besichtigen.

Nomen: *der Turm,* ______

Adjektive: ______

Verben: ______

b Finde im Text drei Adverbien und unterstreiche sie.

c Im Text kommt das Wort *das* mehrfach vor. Schreibe es mit seinen Bezugswörtern heraus und bestimme die jeweilige Wortart.

Das Kennzeichen, bestimmter Artikel; ______

______

d Finde im Text je ein Beispiel für ein Possessivpronomen und ein Indefinitpronomen und markiere sie.

Nominalisierungen/Substantivierungen

Nomen/Substantive schreibt man mit **großem Anfangsbuchstaben.** Sie bezeichnen Lebewesen, Gegenstände, Orte, Ereignisse, Gefühle usw. Nomen haben ein grammatisches **Geschlecht** (Genus: maskulin, feminin, neutrum), eine **Zahl** (Numerus: Singular, Plural) und lassen sich deklinieren (sie ändern ihren **Fall**/Kasus: Nominativ, Genitiv, Dativ, Akkusativ). Über den Fall der Nomen entscheiden Verben und Präpositionen, z. B.: *Die 10. Klasse plant ihren letzten Schultag. Die Schülerschaft rechnet mit einer Überraschung.*
Jedes Wort kann im Deutschen **als Nomen/Substantiv gebraucht,** also **nominalisiert/substantiviert** werden. **Nomen/Substantive** und **Nominalisierungen/Substantivierungen** lassen sich mit Begleitwörtern (Artikel, Pronomen, Präposition, Zahlwort, Adjektiv) zu einer **nominalen Wortgruppe** erweitern. Das Nomen bzw. die Nominalisierung steht immer am Ende der nominalen Wortgruppe. Deshalb hilft die **Erweiterungsprobe,** sie zu erkennen, z. B.:

die Schülerin — *beim Vorbereiten,*
die neue Schülerin — *beim sorgfältigen Vorbereiten,*
die zweite neue Schülerin — *beim beeindruckend sorgfältigen Vorbereiten.*

1 Untersuche die Nomen in folgendem Text.

●○○ a Schreibe die unterstrichenen Nomen mit ihren Begleitwörtern heraus. Bestimme jeweils Numerus (Zahl), Genus (Geschlecht) und Kasus (Fall).

Der Schiefe Turm von Bad Frankenhausen

Auch in Deutschland kann man einen schiefen Turm finden, und zwar in Bad Frankenhausen in Nordthüringen. Bei dem Bauwerk handelt es sich um eine Kirche, die vom Einsturz bedroht ist. Die Schieflage des Turms hängt auch vom Untergrund ab, denn dieser besteht aus Salz- und Gipsgestein. Wasser kann die Wände auflösen und ist somit für die Absenkung der Kirche verantwortlich. Das Gebäude kann durch eine geeignete Stützkonstruktion gerettet werden, aber diese ist recht kostspielig. Trotzdem ist es von kulturhistorischer Bedeutung, das Bauwerk der Hochgotik für die Stadt und die Region zu erhalten.

einen schiefen Turm: (der Turm) Singular, maskulin, (den Turm, Wen?/Was?) Akkusativ

b Suche mindestens fünf weitere Substantive aus dem Text heraus und bestimme Numerus, Genus und Kasus. Schreibe in dein Heft.

●●● c Suche alle Substantive aus dem Text heraus und bestimme Numerus, Genus und Kasus. Schreibe in dein Heft.

2 Der folgende Text enthält fünf Nominalisierungen/Substantivierungen. Markiere sie und schreibe sie mit ihren Bezugswörtern heraus.

Das Entdecken historischer Sehenswürdigkeiten wird den Besuchern in Bad Frankenhausen leicht gemacht. Im Panorama Museum beispielsweise steht dem Nachempfinden des Bauernkrieges im 16. Jahrhundert nichts im Wege. Viel Interessantes und Sehenswertes können die Besucher auf dem von Werner Tübke gestalteten Monumentalgemälde aufspüren. Persönlichkeiten dieser Zeit, wie z. B. Martin Luther, finden sich im Gemälde wieder. Diesen wird oft das Ernste durch eine witzige bzw. ironische Darstellung genommen. Die Dimension des Gemäldes sowie dessen Farben und das ungewöhnliche architektonische Gewand machen das Kunstwerk zu etwas Unwiderstehlichem.

3 Nominalisierung/Substantivierung oder nicht? Entscheide, ob in den Sätzen die fett gedruckten Wörter groß- oder kleingeschrieben werden. Streiche den falschen Buchstaben durch.

1 In der Nähe von Bad Frankenhausen befindet sich die Reichsburg Kyffhausen, eine **M/mittelalterliche** Burganlage aus dem 11./12. Jahrhundert.
2 Im 19. Jahrhundert wurde dort das **E/errichten** eines Denkmals veranlasst, des sogenannten Kyffhäuser-Denkmals.
3 Es entstand ein monumentales Bauwerk, um Kaiser Wilhelm I. nach seinem Tod im Jahr 1888 zu **E/ehren**.
4 Das gezielte **H/handeln** des Architekten Bruno Schmitz machte es möglich, das Denkmal bereits 1896 einzuweihen.
5 Bei genauem **B/betrachten** sieht man nicht nur ein Reiterstandbild vom Kaiser, sondern auch das **G/gemeißelte** Bildnis von Friedrich I., dem sogenannten Barbarossa.
6 Er soll in seiner Regierungszeit veranlasst haben, die Reichsburg **W/wiederaufzubauen**.
7 Im **G/ganzen** ist das Bauwerk stilistisch an die Architektur der Stauferzeit angelehnt.
8 Das **S/symbolisieren** der Verbindung zwischen dem mittelalterlichen Heiligen Römischen Reiches mit dem Kaiserreich als dessen Nachfolger war wohl einer der Gründe für den Wiederaufbau.

Pronomen

> **Pronomen** sind **Stellvertreter** oder **Begleitwörter** von **Nomen/Substantiven.** Sie sind **deklinierbar** und übernehmen **Genus** (Geschlecht), **Numerus** (Zahl) und **Kasus** (Fall) des Nomens, das sie vertreten bzw. auf das sie sich beziehen, z. B.: *Ich mag meinen Mantel. Ich ziehe ihn gern an.* (maskulin, Singular, Akkusativ)

Tipp
Die Übersicht in der Umschlagklappe hilft dir.

1 In folgendem Text sind verschiedene Pronomen unterstrichen. Ordne sie den unten stehenden Pronomenarten zu.

In den Sommerferien treffe ich mich oft mit meinen Freunden im Schwimmbad. Wir schließen dann Wetten ab, die Überwindung kosten. Alle denken sich eine Mutprobe aus, welche die anderen umsetzen. So musste unser jüngster Freund einmal vom 10-Meter-Turm springen, obwohl er Höhenangst hat. Dieser wird sich dafür sicherlich rächen. Was ihm wohl einfallen wird?

a Personalpronomen: *er,* ______

b Possessivpronomen: ______

c Demonstrativpronomen: ______ d Indefinitpronomen: ______

e Relativpronomen: ______ f Interrogativpronomen: ______

g Reflexivpronomen: ______

Tipp
Notiere RP für Relativpronomen, DP für Demonstrativpronomen und KON für Konjunktion.

2 Dass oder das? Setze „dass“ oder „das“ richtig ein und ergänze jeweils die Wortart in Klammern dahinter.

1 Das Mädchen, *das* mir heute begegnete, wird neu in meine Klasse kommen. (*RP*)

2 Niemand wusste davon, ______ der Schulleiter einen schweren Unfall hatte. (______)

3 ______ das Geschäft geschlossen bleibt, wurde nur dem Personal mitgeteilt, ______ leider die Kunden nicht informierte. (______/______)

4 ______ man mit spitzem Werkzeug vorsichtig umgehen muss, ______ weiß jedes Kind. (______/______)

5 ______ die Teilnahme an einem Spiel ein großes Glück war, ______ stellte sich erst später heraus. (______/______)

Pronomen

1 Relativpronomen leiten Nebensätze ein, die Relativsätze genannt werden.

a Bilde Satzgefüge, indem du jeweils den zweiten Satz in einen Relativsatz umwandelst.

1 Das Kind kann lesen und schreiben. Das Kind ist erst 4 Jahre alt.

Das Kind, das erst 4 Jahre alt ist, kann lesen und schreiben.

2 Das Kind spricht nur mit den Personen. Den Personen vertraut es.

3 Viele schaffen sich E-Autos an. Die Autos werden mit erneuerbarer Energie betrieben.

4 Das Schülerpraktikum ist ab der 8. Klasse verpflichtend. Das Schülerpraktikum ermöglicht einen Einblick ins Berufsleben.

5 Das Geld sparte ich zwei Jahre lang. Ich brauche das Geld für meinen Führerschein.

6 Das Anschaffen eines Hundes will wohlüberlegt sein. Es ist mit viel Geld und Zeit verbunden.

2 Manche Verben verlangen ein Reflexivpronomen. Bilde Sätze mit den folgenden Verben und unterstreiche die Reflexivpronomen. Schreibe in dein Heft.

1 sich erkenntlich zeigen **2** sich anschreien **3** sich wegbewegen
4 sich vergessen **5** sich vergewissern

1 Maxim wollte sich für das Geschenk erkenntlich zeigen, …

Zeitformen (Tempusformen) der Verben

Verben bilden mithilfe finiter (gebeugter) und infiniter (ungebeugter) Verbformen **Zeitformen** (Tempusformen). Die Zeitformen drücken aus, wann Vorgänge bzw. Handlungen ablaufen und ob sie noch andauern, schon abgeschlossen oder immer gültig sind.
Die **einfachen Zeitformen** Präsens und Präteritum bestehen in der Regel nur aus der finiten Verbform, z. B.: *Er kocht Tee.* (Präsens) *Er kochte Tee.* (Präteritum)
Die **zusammengesetzten Zeitformen** Perfekt, Plusquamperfekt und Futur bestehen aus der finiten Verbform und mindestens einer infiniten Verbform, z. B.: *Er hat Tee gekocht.* (Perfekt) *Er hatte Tee gekocht.* (Plusquamperfekt) *Er wird Tee kochen.* (Futur)

Tipp
Orientiere dich am Merkkasten.

1 Überlege, welche Zeitform jeweils verwendet wurde. Notiere die Zeitform in den Klammern.

1 Deutschland hat sich die Digitalisierung der Schulen auf die Fahnen geschrieben. (*Perfekt*) **2** Zur Finanzierung wurde von der Bundesregierung ein sogenannter Digitalpakt beschlossen. (______) **3** Lehrerinnen und Lehrer erhielten Dienst-Laptops oder Tablets für digitale Unterrichtsvorbereitungen und -materialien. (______) **4** Viele Schulen stattete man mit digitalen Tafeln und Tablets aus. (______) **5** Aber leider klaffen bei der Digitalisierung zwischen den Ländern und Schulen noch große Lücken, besonders im ländlichen Bereich. (______) **6** Allerdings wird der Einsatz digitaler Medien in den nächsten Jahren nicht mehr wegzudenken sein. (______) **7** Trotzdem werden die Lehrerinnen und Lehrer die „analogen Kompetenzen" wie die Handschrift oder das Kopfrechnen nicht vernachlässigt haben.(______)

2 Ergänze das Verb in Klammern in der angegebenen Zeitform.

1 Der Begriff Robotik ______ als ein anderes Wort für Robotertechnik. (gelten/Präsens) **2** Das Wort Roboter ______ der tschechische Autor Karel Capek für einen Androiden. (erfinden/Präteritum) **3** Die Robotik ______ in den letzten Jahrzehnten eine rasante Entwicklung ______. (nehmen/Perfekt) **4** In der Wirtschaft

__________ zunächst recht schnell Industrieroboter und Computer Einzug __________. (halten/Plusquamperfekt) **5** In den nächsten Jahren __________ menschenähnliche Roboter ihr Aufgabenfeld in der Pflege __________. (finden/Futur I) **6** Auch die viel diskutierte künstliche Intelligenz __________ in ein paar Jahren für uns alle zur Normalität __________ __________. (sein/Futur II)

3 Präteritum oder Plusquamperfekt?
Die Handlungen finden in der Vergangenheit statt. Entscheide jeweils, welche Handlung zuerst abgeschlossen ist. Bilde Sätze und ergänze die Verben in der passenden Zeitform.

1 den Zug verpassen – zu spät kommen

Da ich den Zug verpasst hatte, kam ich zu spät.

2 die Treppe heraufkommen – die Tür öffnen

____

3 Günstige Tickets bekommen – nach Frankreich fahren

____

4 Räumfahrzeuge fahren – stundenlang schneien

____

5 froh sein – dich treffen

____

6 dunkel werden – Licht einschalten

____

4 Wandle die Sätze in das Futur II um und schreibe sie ins Heft.

1 Ich male mein Bild fertig. *Ich werde mein Bild fertig gemalt haben.*
2 Das Kind versteckt seine Süßigkeiten.
3 Niemand entdeckt den Fehler im Text.
4 Der Autor stellt sein neustes Werk vor.
5 Die Familie erholt sich in den Bergen.

Aktiv und Passiv

Von den meisten Verben kann man eine **Aktivform** und eine **Passivform** bilden. Will man ausdrücklich betonen, wer handelt, verwendet man die **Aktivform,** z. B.: *Vera kocht Kakao. Sie hat Kakao gekocht.*
Ist unwichtig oder unbekannt, wer handelt, verwendet man die **Passivform.** Passivformen sind immer **zusammengesetzte** Verbformen. Sie bestehen aus einer finiten Verbform des Hilfsverbs ***werden*** **+ Partizip II** eines anderen Verbs. Im Präsens oder Präteritum kann man auch eine finite Verbform eines **Modalverbs + Partizip II +** ***werden*** verwenden, z. B.:
Präsens: *Kakao wird gern getrunken. Er kann heiß getrunken werden.*
Präteritum: *Kakao wurde gesüßt. Er musste gesüßt werden.*
Perfekt: *Kakao ist immer getrunken worden.*
Plusquamperfekt: *Kakao war immer getrunken worden.*
Futur I: *Kakao wird immer getrunken werden.*

Tipp
Beachte die Zeitformen.

1 Lies folgenden Bericht und ermittle, in welcher Modusform er verfasst wurde.

Notiere dein Ergebnis. Modusform: ______________________

Ferien mit Faschingsfeier
(1) In diesem Jahr fielen die Faschingstage mal wieder in die Winterferien. (2) Deshalb plante unsere Klasse die Faschingsfeier schon vorher. (3) Wir organisierten einen geeigneten Raum und verteilten die Aufgaben. (4) Zwei Mädchen sollten Kuchen backen. (5) Zwei Jungen beauftragten wir, sich um Pizza zu kümmern. (6) Andere mussten auch für Getränke und Snacks sorgen. (7) Sogar die Musikauswahl haben wir genauestens besprochen. (8) Außerdem diskutierten wir lange, welches Motto der Kostümauswahl zugrunde liegen sollte. (9) Nachdem wir auch Ideen für die Raumgestaltung gesammelt hatten, stand einer gelungenen Feier nichts mehr im Wege. (10) Das Motto für unsere nächste Feier werden wir schon bald festlegen.

Tipp
Verwende das Passiv, wo es möglich ist.

2 Schreibe den Bericht aus Aufgabe 1 in unpersönliche Ausdrucksweise um.

(1) unverändert (2) Deshalb wurde unsere Faschingsfeier schon vorher geplant.

(3) ______________________

____

____

____

____

____

____

2 Nutze folgende Satzanfänge.
(3) Ein geeigneter Raum wurde ... (4) Kuchen sollte von ... (5) Zwei Jungen wurden ..., sich ... (6) Auch für Getränke und Snacks musste ... (7) Sogar die Musikauswahl wurde ... (8) Außerdem wurde ... (9) Nachdem auch Ideen für die Raumgestaltung gesammelt ... (10) Das Motto für unsere nächste Feier wird schon bald ...

Modusformen der Verben

Verben bilden **Modusformen** (Formen der Aussageweise):
Verbformen im **Indikativ** (Wirklichkeitsform) verwendet man, um Tatsachen und direkte (wörtliche) Rede wiederzugeben, z. B.: *In einigen Berufen trägt man Uniform. „Ich liebe meine Uniform", sagt Mia, die Schornsteinfegerin.*
Verbformen im **Konjunktiv I** (Möglichkeitsform) verwendet man, um Äußerungen anderer Personen als **indirekte** (nicht wörtliche) **Rede** wiederzugeben, v. a. im offiziellen Sprachgebrauch, z. B.: *Laut Handwerkskammer seien Zimmerleute sehr stolz auf ihre Uniform.*
Sind die Formen im Konjunktiv I und Indikativ gleich oder werden die Konjunktivformen selten gebraucht, kann man auf den **Konjunktiv II** oder die Form von ***würde* + Infinitiv** ausweichen, z. B.:
„Sie tragen Jeans." Er sagte, sie tragen Jeans. (Konjunktiv I = Indikativ)
Er sagte, sie trügen Jeans. (ungebräuchlich)
Er sagte, sie würden Jeans tragen.
„Sie haben Jeans getragen." Er sagte, sie haben Jeans getragen.
(Konjunktiv I = Indikativ)
Er sagte, sie hätten Jeans getragen.
Mit Verbformen im **Konjunktiv II** (Möglichkeitsform) lassen sich Wünsche, Vorstellungen, Ratschläge, Empfehlungen oder irreale Vorgänge in der Vergangenheit ausdrücken, z. B.: *Er wäre gern Zimmermann geworden.*
Mit dem **Imperativ** (Befehlsform) gibt man Aufforderungen, Befehle, Bitten oder Warnungen wieder, z. B.: *Zieh die Uniform an! Passen Sie bitte auf! Seid leise!*

1 Finde im Text je mindestens ein Beispiel für alle Modusformen. Schreibe sie heraus und bestimme sie.

Am Ende des 9. Schuljahres finden für einige Schülerinnen und Schüler Abschlussprüfungen statt. „Darauf müsse man sich besonders vorbereiten", sagen die Lehrer. „Passt ordentlich im Unterricht auf", fordern die Eltern. Hätte jeder die Aufforderung ernst genommen, wären die Prüfungsergebnisse besser ausgefallen.

finden statt: Indikativ, ______________________

2 Formuliere die direkte Rede in indirekte Rede um und schreibe die Sätze in dein Heft. *1 Jonas meint, er …*

Tipp
Bestimme zuerst die unterstrichenen Tempusformen.

1 Jonas meint: „Ich habe noch keinen Praktikumsplatz." **2** Der Lehrer erwidert: „Du wirst dein Praktikum im Theater absolvieren." **3** Sein Banknachbar beschwert sich: „Das mache ich doch schon!" **4** Der Lehrer freut sich: „Für eure Klasse wurde noch ein Platz ermöglicht."

3 Verwende Konjunktiv-II-Formen. Ergänze die Lücken mit den Verben in Klammern. Schreibe die Sätze vollständig in dein Heft.

1 Dir *ginge* es besser, wenn du dich regelmäßig ____ . (gehen; bewegen)

2 Niemand ____ davon erfahren, wenn er seinen Mund ____ . (haben; halten)

3 Wenn ich pünktlich ____ , ____ ich an der Veranstaltung ____ . (kommen; teilnehmen können)

Modalverben

1 Auch von den Modalverben kann man Konjunktivformen bilden.

a Lies folgende Tabelle.

Modalverben	Konjunktiv I	Konjunktiv II
müssen	er müsse	er müsste
sollen	sie solle	sie sollte
wollen	es wolle	es wollte
dürfen	ich dürfe	ich dürfte
können	ich könne	ich könnte

b Ergänze die folgenden Sätze mit den Modalverben in Klammern im Konjunktiv I bzw. Konjunktiv II. Orientiere dich an der Tabelle in Aufgabe a.

1 Sandys Eltern meinen, sie ______________ mehr schlafen. Dann ______________ sie nicht ständig gähnen. (müssen) **2** Sandys Bruder rät ihr, sie ______________ mehr Sport treiben. Er denkt, sie ______________ vielleicht eine Ballsportart wählen. (sollen) **3** Sandy sagt, sie ______________ lieber zum Schwimmen gehen. (wollen) **4** Ihre Eltern meinen, das ______________ sie selbst entscheiden. Sie vermuten aber, es ______________ ein Problem sein, eine Schwimmhalle zu finden. (dürfen) **5** Mein Bruder erwidert, ich ______________ Rettungsschwimmerin werden. Bei entsprechendem Training ______________ ich das schaffen. (können)

2 Wandle die direkte Rede mithilfe des Konjunktiv I in indirekte Rede um. Ergänze die Sätze.

1 Alex geht ins Sekretariat und fragt: „Kann ich die Schulleiterin sprechen?"

(1) Alex fragt, ob er ______________________________

2 Die Sekretärin fragt: „Worüber willst du denn mit ihr sprechen?"

(2) Die Sekretärin fragt, worüber er ______________________________

3 „Das darf ich ihr nur persönlich sagen", antwortet Alex.

(3) Das ______________________________ *, antwortet Alex.*

4 „Dann musst du ein paar Minuten warten", weist ihn die Sekretärin an.

Dann ______________________________ *, weist ihn die Sekretärin an.*

Adjektive

Adjektive lassen sich **komparieren** (steigern) (Nomen: die **Komparation**).
Die meisten Adjektive bilden drei Komparationsstufen:
den Positiv (die Grundstufe), z. B.: *Diese Bluse ist dünn.*
den Komparativ (die Mehrstufe), z. B.: *Die andere ist eine dünnere Bluse.*
den Superlativ (die Meiststufe), z. B.: *Dies ist die dünnste Bluse.*
Mithilfe von Adjektiven kann man **Vergleiche** ausdrücken:
Bei **Gleichheit** verwendet man den **Positiv** (die Grundstufe) **+ *wie*,** z. B.:
Das weiße Shirt ist genauso schick wie das schwarze.
Bei **Ungleichheit** verwendet man den **Komparativ** (die Mehrstufe) **+ *als*,** z. B.:
Größe XS sitzt enger als Größe S.

1 Ergänze passende Adjektive aus der Wortliste. Passe das Adjektiv in Genus (Geschlecht), Numerus (Zahl) und Kasus (Fall) dem Bezugsnomen/-substantiv an.

Wortliste
öffentlich / heiß / gesamt / erheblich / ewig / trocken / groß / intensiv

Von Jahr zu Jahr nehmen die ______ und ______ Sommer zu. Viele Regionen in unserem Land haben mit ______ Wassermangel zu kämpfen. Flüsse und Seen verlieren durch die ______ Sonneneinstrahlung ______ Mengen an Wasser. Der ______ Kreislauf zwischen Verdunstung und Abregnen wird gerade im Sommer über viele Wochen unterbrochen. Deshalb wird die ______ Bevölkerung aufgefordert, Wasser zu sparen. Manche Gemeinden verbieten sogar die Entnahme aus ______ Gewässern.

2 Kompariere (steigere) die Adjektive und setze gegebenenfalls ***als*** oder ***wie*** richtig ein.

1 Gestern war das Wetter ______ heute. (schlecht)

2 Nahrung zu finden wird für die Vögel von Jahr zu Jahr ______, da der Bestand an Insekten immer ______ wird. (schwierig, gering)

3 In Dörfern sind die Mitbürger oft ______ als in Großstädten. (aufmerksam) **4** Kaschmir ist eine der ______ Naturfasern. (zart)

5 Die ______ Erhebung in Deutschland ist die Zugspitze. (hoch)

Gewebe aus Kaschmir

●●● 3 Kennst du Adjektive, die man nicht steigern kann? Schreibe Beispiele auf und begründe, warum sie nicht komparierbar sind. Schreibe in dein Heft.

Präpositionen

Präpositionen gehören zu den **unveränderbaren** (nicht flektierbaren) **Wortarten.** Sie drücken **räumliche, zeitliche oder andere Beziehungen** aus z. B.: *in, vor, unter, über, hinter, seit, für, mit.* Präpositionen fordern einen bestimmten **Kasus (Fall),** den man sich einprägen sollte, z. B.: *mit, nach, von, seit, aus, zu, bei* → Dativ, *gegen, ohne, für* → Akkusativ, *trotz, während, wegen, mittels* → Genitiv
Sogenannte **Wechselpräpositionen** (an, auf, hinter, in, neben, über, unter, zwischen) können den Dativ oder den Akkusativ fordern. Den **Kasus** (Fall) bestimmt allein das Verb, z. B.: *Lilly setzt sich in den bequemen Kinosessel.* (Wohin? Akkusativ) *Jurek und Paul sitzen im (in dem) Parkett.* (Wo? Dativ)
In der Umgangssprache werden Präpositionen und Artikel oft zusammengezogen, z. B.: *am (an dem), beim (bei dem), ins (in das).*

1 Lies folgende Sätze. Unterstreiche jeweils das Verb und die Wechselpräposition. Bestimme den Fall, der gefordert ist.

Tipp
Nutze die Frageprobe.

1 Die Frau steht auf der Leiter. (*Wo? Dativ*) Sie stellt etwas auf den Schrank (*Wohin? Akk.*) **2** Die Kinder laufen hinter das Haus. (__________) Sie warten hinter dem Haus (__________) **3** Nüsse fallen unter den Strauch (__________). Ein Eichhörnchen hockt unter dem Strauch (__________).

2 Artikel und Präposition können zu einem Wort verschmelzen. Setze die verschmolzenen Wörter in der richtigen Form in die Lücken ein.

Wortliste
in / zu / bei / an / über

1 _______ Allgemeinwissen gehören vor allem geografische Kenntnisse.

2 Man muss _______ Überqueren von Bahnschienen vorsichtig sein.

3 Die Hexe lockt Hänsel und Gretel _______ Fenster.

4 Obwohl der Junge noch im Krankenhaus liegt, ist er langsam _______ Berg.

5 Meine Familie geht mit Vorliebe _______ Theater.

3 Verschmolzen oder nicht?

a Setze passende Präpositionen mit entsprechenden Artikeln ein.

1 eine Fahrt *ins* Grüne machen

2 etwas _______ Kasten haben

3 etwas _______ Lupe nehmen

4 seine Schäfchen ___ Trockene bringen

5 _______ Eingemachte gehen

6 _______ längeren Hebel sitzen

b Ergänze weitere Redewendungen, die eine mit einem Artikel (verschmolzene) Präposition enthalten. Schreibe ins Heft.

Adverbien

Adverbien sind eine **unveränderbare** (nicht flektierbare) **Wortart.** Sie geben an, wann, wo, wie und warum etwas geschieht. Adverbien treten im Satz als Attribut oder als Adverbialbestimmung auf, z. B.:
Sein sehr schräges Outfit gefällt mir. (Attribut)
Diesen schicken Mantel kannst du hier anprobieren. (Adverbialbestimmung)
Einige Adverbien ersetzen ganze Wortgruppen oder Teilsätze, z. B.:
Wegen seiner Krankheit bleibt er zu Hause. Deswegen bleibt er zu Hause.
Weil er krank ist, bleibt er zu Hause. Krankheitshalber bleibt er zu Hause.

1 Ordne folgende Adverbien richtig zu.

deshalb / dergestalt / dahinter / vorläufig / immer / darunter / darum / durchgehend / derart / halbwegs / solchermaßen / dadurch / stets / darüber / deswegen / davor

Ort: *hinten,* ______

Zeit: ______

Grund: ______

Art und Weise: ______

Tipp
Orientiere dich an Aufgabe 1.

2 Finde die Adverbien im Text. Unterstreiche sie und notiere in Klammern, was sie angeben.

1 Viele Familien fahren gern mit dem Auto in den Sommerurlaub (*Art und Weise*). **2** So eine Fahrt muss gut geplant werden (______), denn häufig sind Staus angesagt (______). **3** Morgens zu starten, ist eine gute Idee. (______). **4** Da es tagsüber heiß werden kann (______), sind regelmäßig Pausen einzulegen (______). **5** Vor allem kleinere Kinder langweilen sich oft bei Autofahrten (______). **6** Deshalb sollten die Eltern für Abwechslung sorgen (______), sodass bereits die Anreise zum Urlaub wird (______).

3 Adverbien verstärken Aussagen oder schwächen sie ab.

a Markiere in den Sätzen die Adverbien.

1 Mit meinen Freunden gehe ich nie zum Training. *immer*

2 Im Alltag passieren häufig Wunder. ______

3 Mir ist es kaum gelungen, die geforderte Weite zu springen. ______

4 Manchmal brauchen Kinder eine Aufmunterung durch die Eltern. ______

5 Meine Freundin schafft es selten, ein Buch zu Ende zu lesen. ______

b Ersetze das Wort durch ein Adverb, das das Gegenteil ausdrückt, und schreibe es hinter den Satz.

4 Bilde mit den folgenden Adverbien sinnvolle Sätze. Schreibe ins Heft.

mindestens / stets / durchaus / wenigstens

Präpositionaladverbien werden aus Adverbien und Präpositionen gebildet, z. B.: *wo / da / hier + bei / durch / für / mit / von / zu → dabei, wodurch, hierfür, damit, wovon, hierzu.*
Beginnt die Präposition mit einem Vokal, wird bei *wo* und *da* ein Fugen-r eingefügt, z. B.: *wo / da + an / aus / auf / in → daran, woraus, darauf, worin.*
Mit Präpositionaladverbien kann man **Wiederholungen vermeiden** oder **Fragesätze einleiten,** z. B.:
Sie träumt vom (von dem) Meer. – Davon träumt sie. Wovon träumt sie? / Er wartet auf den Brief. – Er wartet darauf. Worauf wartet er?

5 Bilde die passenden Fragewörter (Präpositionaladverbien) und schreibe sie in die Lücken. Unterstreiche zunächst jeweils im ersten Satz die Präposition, die das Verb verlangt.

1 Der Junge erinnert sich an seine letzte Verabredung. Woran erinnert er sich?
2 In Mathe beschäftigen wir uns mit schwierigen Aufgaben. ______ beschäftigen wir uns?
3 Die Jugendliche wurde gestern beim Klauen erwischt. ______ wurde sie erwischt?
4 Viele Menschen demonstrieren für eine bessere Umwelt. ______ demonstrieren sie?
5 Sie sprechen sich gegen ein neues Einkaufszentrum aus. ______ sprechen sie sich aus?

6 Setze die Fragewörter (Präpositionaladverbien) aus der Wortliste sinnvoll in die Sätze ein.

Wortliste
wovon / wonach / worüber / wobei / wofür

1 Sie fand endlich, ______ sie schon lange gesucht hatte. **2** Alle wollten erfahren, ______ sich die Politikerin verletzt hatte. **3** Die Klasse recherchiert nach einem gemeinsamen Projekt, ______ sie regelmäßig spenden kann. **4** ______ man nicht sprechen darf, ist ein Geheimnis. **5** Das Kind berichtet dem Vater, ______ es träumt.

Konjunktionen

Konjunktionen sind eine **unveränderbare** (nicht flektierbare) **Wortart.**
Sie verbinden Wörter, Wortgruppen und Sätze miteinander.
Nach ihrer **Bedeutung** unterscheidet man:
aufzählende Konjunktionen, z. B.:
und, oder, sowohl … als auch …, weder … noch …, entweder … oder …,
entgegenstellende Konjunktionen, z. B.: *aber, jedoch, doch.*
Nach ihrer **Funktion** unterscheidet man:
nebenordnende Konjunktionen: Sie verbinden gleichrangige Wörter, Wortgruppen und Teilsätze miteinander, z. B.: *Schule und Ferien. Schule oder Ferien. Er verreist, aber sie bleibt zu Hause. Er verreist und sie bleibt zu Hause.*
unterordnende Konjunktionen: Sie leiten Nebensätze ein, z. B.:
Tim hoffte, dass er verreisen wird. Als er verreiste, war er überglücklich.

Tipp
Es sind insgesamt 8 Konjunktionen im Text.

1 Untersuche die Konjunktionen in folgendem Text.

a Markiere zuerst alle Konjunktionen in den Sätzen.

Viele Deutsche machen gern Urlaub in Skandinavien, sowohl in Schweden als auch in Norwegen. Es gilt dort einige Regeln einzuhalten, damit man als Gast gern gesehen wird. In Schweden gilt das Jedermannsrecht und es bedeutet, dass man einen Camper überall im öffentlichen Bereich hinstellen und darin übernachten darf. Jedoch wird erwartet, dass man den Platz so verlässt, wie man ihn vorgefunden hat. Die Bevölkerung hält viel von Höflichkeit. Das kleine Wörtchen „danke“ hört man oft, aber es wird auch erwartet. Auf Schwedisch heißt es „tack“ oder auf Norwegisch „takk“. Mit der Lautstärke sollte man sich zurückhalten, weil die Menschen im Norden eher ruhig und zurückhaltend sind. Was viele nicht mögen, ist das Umarmen und Küssen zur Begrüßung oder Verabschiedung, denn sie halten gern einen Abstand von ca. einem Meter. Wenn man diese Regeln einhält, lässt sich der Urlaub in Skandinavien genießen.

b Übertrage folgende Tabelle in dein Heft. Ergänze pro Spalte zwei Beispiele.

aufzählende Konjunktion	entgegenstellende Konjunktion	nebenordnende Konjunktion	unterordnende Konjunktion
…	…	…	…

Tipp
Achte auf die Stellung der finiten Verbform.

2 Setze passende Konjunktionen in die Lücken ein.

Seit der Corona-Zeit sieht man, *dass* das Verreisen mit Wohnmobil oder Wohnwagen im Trend liegt. ________ die Reise in den Norden lange dauern kann, nutzen Reisende Fähren. Bei der Auffahrt sollte man die Papiere griffbereit haben, ________ eine rasche Abfertigung möglich ist. Man kontrolliert beim Aussteigen, ________ alles gesichert ist. ________ während der Fahrt darf der Gast nicht in seinem Fahrzeug bleiben, ________ Sicherheit vorgeht.

Satzbau und Zeichensetzung

Bau des einfachen Satzes

lateinische Bezeichnung	deutsche Bezeichnung	Frage	Beispiel
Subjekt	Satzgegenstand	Wer? Was?	*Die Reiseleiterin*
Prädikat	Satzaussage	Was wird ausgesagt?	*hält*
Objekt	Ergänzung		
– Dativobjekt	– im 3. Fall	Wem?	*uns*
– Akkusativobjekt	– im 4. Fall	Wen? Was?	*einen Vortrag.*
– Präpositionalobjekt	– mit Präposition	Womit? …	*Sie befasst sich mit der Geschichte.*
– Genitivobjekt	– im 2. Fall	Wessen?	*Sie erinnert sich einer historischen Tat.*
Adverbialbestimmung	Umstandsbestimmung		*Die Reiseleiterin arbeitet*
– Temporalbestimmung	der Zeit	Wann? Wie lange? …	*heute* *den ganzen Tag*
– Lokalbestimmung	des Ortes	Wo? …	*zu Hause.*
– Kausalbestimmung	des Grundes	Warum? Wozu? …	*Wegen des Zeitdrucks arbeitet sie*
– Modalbestimmung	der Art und Weise	Wie?	*ohne Pause.*
Attribut (Satzgliedteil)	Beifügung	Was für ein(e)?	*Ihre Vorträge über besondere Menschen der vergangenen Zeit sind interessant.*

1 Untersuche die Satzglieder in folgendem Text.

a Ermittle mithilfe der Umstellprobe die Anzahl der Satzglieder in jedem Satz. Trenne die Satzglieder durch Schrägstriche ab und schreibe die Anzahl in Klammern.

Parlamentsgebäude in Stockholm

1 In Schweden / leben ca. / 10 Millionen Menschen. (3) **2** Die schwedische Sprache gilt als offizielle Amtssprache in Schweden. (__) **3** Die Mehrzahl der Bevölkerung kann trotzdem Englisch und Deutsch sprechen. (__) **4** Das Land wird demokratisch mithilfe eines Parlaments regiert. (__) **5** Die königliche Familie übernimmt überwiegend repräsentative Aufgaben. (__) **6** In Schweden wird viel Wert auf

1 a Umstellprobe:
In Schweden / leben / ca. 10 Millionen Menschen.
Leben / in Schweden / ca. 10 Millionen Menschen?
Ca. 10 Millionen Menschen / leben / in Schweden.

gleiche Rechte für alle Menschen gelegt. (___) **7** Bei der Gleichstellung der Geschlechter steht Schweden beispielsweise an der Weltspitze. (___) **8** In diesem Land darf sich jeder Mensch frei in der Natur bewegen. (___) **9** Deshalb darf man campen sowie Beeren, Pilze usw. sammeln. (___) **10** Die Schwedinnen und Schweden legen viel Wert auf Traditionen. (___) **11** Sie feiern z. B. den Mittsommer oder das Lucia-Fest mit großem Vergnügen. (___)

b Einige Sätze enthalten mehrteilige Prädikate, die einen prädikativen Rahmen bilden. Markiere die prädikativen Rahmen farbig.

c Bestimme die Satzglieder in den Sätzen 1 bis 5 und notiere die Bezeichnungen unter den Sätzen.

●●● d Bestimme die Satzglieder in allen Sätzen und notiere die Bezeichnungen unter den Sätzen.

2 Bilde selbst Sätze.

a Vervollständige die Sätze jeweils durch drei weitere Satzglieder.
Schreibe die Sätze in dein Heft.

1 Der Mann weint …
2 Während der Jugendweihe …
3 Häufig hört …
4 Niemals wird …
5 Im Winter …

b Bestimme alle Satzglieder und notiere die Bezeichnungen unter deinen Sätzen.

3 Bestimme in folgenden Sätzen alle Satzglieder.

a Erschließe die Satzglieder mithilfe der Umstellprobe und setze Trennstriche zwischen den Satzgliedern.

1 Im Winter / muss / man / in Schweden / auf Dunkelheit /eingestellt sein. **2** Doch der Tourist wird mit viel Schnee belohnt. **3** Ski oder Schlittschuh laufen, Hundeschlittenrennen oder Schneeschuhwanderungen machen den Winter im Norden zum Genuss. **4** In Lappland kann man im Dezember oder Januar die faszinierenden Polarlichter sehen. **5** Für eine Reise in die Kälte sollte man sich gut ausstatten. **6** Es empfiehlt sich im Winter lange, warme Unterwäsche. **7** Warme Schuhe, Handschuhe und Mütze runden das winterliche Outfit ab.

b Bestimme die Satzglieder. Notiere sie im Heft.

1) TB, P, S, LB, PO, P

1 c / d Nutze die Abkürzungen: S = Subjekt, P = Prädikat, DO = Dativobjekt, AO = Akkusativobjekt, PO = Präpositionalobjekt, LB = Lokalbestimmung (Adverbialbestimmung des Ortes), TB = Temporalbestimmung (Adverbialbestimmung der Zeit), KB = Kausalbestimmung (Adverbialbestimmung des Grundes), MB = Modalbestimmung (Adverbialbestimmung der Art und Weise), A = Attribut

Bau des zusammengesetzten Satzes

Die Satzreihe (Parataxe)

Zusammengesetzte Sätze bestehen aus zwei oder mehreren Teilsätzen. Sind die Teilsätze Hauptsätze und damit gleichrangig, bilden sie eine **Satzreihe** (Satzverbindung), auch **Parataxe** genannt. Hauptsätze erkennt man daran, dass die finite (gebeugte) Verbform an zweiter Satzgliedstelle steht. Hauptsätze lassen sich **unverbunden** aneinanderreihen oder mit einer nebenordnenden **Konjunktion** oder einem **Adverb** verbinden, z. B.:
Schweden ist ein beliebtes Urlaubsland, viele Menschen fahren dorthin. Schweden ist ein beliebtes Urlaubsland, aber es ist nicht ganz billig. Schweden ist ein beliebtes Urlaubsland, deshalb sind die Fähren oft ausgebucht.
Hauptsätze werden durch **Komma** voneinander getrennt, es sei denn, sie sind durch *und* oder *oder* verbunden, z. B.: *Schweden ist ein beliebtes Urlaubsland(,) und das hat viele Gründe.*
Man vermeidet Fehler, wenn man Teilsätze immer durch **Komma** abgrenzt.

1 Belege, dass es sich bei folgenden Sätzen um Satzreihen (Parataxen) handelt.

a Ermittle und unterstreiche in den Teilsätzen das Subjekt (einfach) und die finite Verbform (doppelt).

1 Junge Leute lieben das Campen, denn es bedeutet Freiheit(,) und es kostet auch nicht so viel. (Hs, Hs, Hs.)

2 Nach dem Abschluss der 10. Klasse verbringen viele ihren Urlaub mit Freunden, doch sie bleiben ganz in der Nähe des eigenen Zuhauses. (________)

3 Viele haben kein eigenes Geld für weite Reisen, aber sie wollen trotzdem Urlaub ohne Aufpasser machen. (________)

4 Eltern oder Großeltern bringen die Jugendlichen oft zum Campingplatz, meist holt man sie später auch wieder ab (,) oder sie fahren mit der Bahn. (________)

5 Der Großteil der Ausrüstung ist bereits in der Familie vorhanden, also müssen die Jugendlichen nicht viel anschaffen(,) und sie können eine gute Zeit verbringen. (________)

b Notiere das Satzbild jeweils hinter den Satzreihen.

c In einigen Sätzen steht das Komma in Klammern. Begründe, warum.

____

Das Satzgefüge (Hypotaxe)

Ein **Satzgefüge** besteht mindestens aus einem **Hauptsatz** (Hs) und einem untergeordneten **Nebensatz** (Ns), die durch **Komma** voneinander getrennt werden. Den **Nebensatz** erkennt man an folgenden Merkmalen:
- Er beginnt meist mit einem **Einleitewort:**
  - einer Konjunktion, z. B.: *weil, dass, als, wenn, ob, obwohl,*
  - einem Fragepronomen, z. B.: *wo, wie, was, warum* oder
  - einem Relativpronomen, z. B.: *der, die, das, welcher.*
- Die **finite Verbform** steht an letzter Satzgliedstelle, z. B.:
  Sie freut sich, dass sie bald Geburtstag hat. Hs, Ns.
  Wen sie einladen sollte, wusste sie nicht. Ns, Hs.
  Der Kuchen, den sie mag, steht bereit. Hs (Teil 1), Ns, Hs (Teil 2).
  In den meisten Fällen besteht eine **Abhängigkeit 1. Grades,** z. B.:
  Sie träumt davon, dass sie ein Auslandsjahr absolvieren kann. Hs, **Ns 1. Grades**
  Ist in **mehrfach zusammengesetzten Sätzen** einem Nebensatz 1. Grades ein weiterer Nebensatz untergeordnet, spricht man von einem **Nebensatz 2. Grades,** z. B.: *Tom will das Jahr wiederholen, weil er ein Schuljahr an einer französischen Schule, deren Niveau sehr hoch war, verbracht hat.* Hs, Ns 1. Grades (Teil 1), Ns 2. Grades, Ns 1. Grades (Teil 2).
  In mehrfach zusammengesetzten Sätzen kann es auch **Nebensätze 3. oder 4. Grades** geben.

1 In folgenden Satzgefügen fehlen die Kommas.

a Ermittle die Nebensätze, markiere jeweils das Einleitewort und unterstreiche die finite Verbform. Setze die fehlenden Kommas.

Achtung, Fehler!

1 Wenn du nicht weißt, was du während der Ferien machen sollst, empfehle ich dir das Lesen eines Buches. (*Ns 1. Grades, Ns 2. Grades, Hs.*)

2 Empfehlenswert ist der schwedische Autor Mats Wahl der besonders gute Jugendbücher schreibt. (____________________)

Autor Mats Wahl

3 Er veröffentlichte bereits über 40 Bücher wobei einige davon ausgezeichnet wurden. (____________________)

4 Lesenswert ist der Roman „Winterbucht" der 1996 den Deutschen Jugendliteraturpreis erhielt.
(____________________)

5 In dem Buch geht es um einen Jungen der auf der armen Seite einer Bucht wohnt weil seine Mutter alleinerziehend ist und nur

über ein geringes Einkommen verfügt. (________________________)

6 Als er ein kleines Mädchen rettet lernt er ihre große Schwester kennen und verliebt sich. (________________________)

b Bestimme den Grad der Abhängigkeit der Nebensätze. Notiere die Satzbilder hinter den Sätzen.

Ein **Nebensatz** erfüllt für den Satz, von dem er abhängig ist, die **Funktion eines Satzgliedes oder Satzgliedteils** (Attribut). Man nennt ihn deshalb **Gliedsatz** oder **Gliedteilsatz** (Attributsatz).

Subjektsatz	*Dass sie Schulferien haben, freut viele junge Menschen weltweit.* (Was freut viele junge Menschen weltweit?)
Objektsatz	Man muss sich darauf einstellen, *dass es eine Woche lang regnet.* (Worauf muss man sich einstellen?)
Adverbialsatz	Die Reiseleiterin veröffentlichte einen Reiseführer, *weil sie ihr umfangreiches Wissen an Interessierte weitergeben wollte.* (Warum veröffentlichte sie einen Reiseführer?)
Attributsatz (Gliedteilsatz)	*Der Reiseführer „Thüringer Land mal anders", dem eine große Leserschaft zu wünschen ist, wurde gestern Abend im Rathaus vorgestellt.* (Was für ein Reiseführer?)

Tipp
Orientiere dich am Merkkasten.

2 In folgendem Text sind die Nebensätze unterstrichen. Ermittle jeweils die Satzglied-Funktion und notiere sie auf der Schreibzeile.

Wer nicht gern liest, könnte in seinem Leben etwas verpassen. Subjektsatz

Bereits das Vorlesen im Kleinkindalter ist wichtig, da es einen Austausch des Kindes mit seiner Umgebung bedeutet. ________________

Man weiß heute genau, dass das Lesen den Sprachschatz sowohl quantitativ als auch qualitativ formt. ________________

Kinder, die täglich lesen, hängen ihre Mitschüler in der Schule ab.

____

Sie erfassen besser komplexe Texte, was ihnen besonders in weiterführenden Schulen hilft. ________________

Lesen bereichert das Leben von Kindern, da es die Fantasie anregt und die Kreativität fördert. ________________

Die Kommasetzung im Überblick

In **einfachen Sätzen** muss ein **Komma** gesetzt werden bei:

1 Aufzählungen von Wörtern und Wortgruppen, wenn diese nicht durch *und, oder, sowie, sowohl … als auch …, weder … noch …* verbunden sind, z. B.: *Im Urlaub fuhren wir durch Deutschland, Belgien und die Niederlande.*

2 nachgestellten Erläuterungen (auch in Form von Datumsangaben und Appositionen), z. B.: *Am Sonntag, dem 15. August (,) waren wir zurück.*

3 Infinitivgruppen (erweiterte Infinitive mit *zu*), wenn die Infinitivgruppe

a durch Wörter wie *um, ohne, (an)statt, außer* oder *als* eingeleitet ist, z. B.: *Ich kehrte, ohne einen Euro übrig zu haben, von der Reise zurück.*

b sich auf ein Nomen/Substantiv bezieht, z. B.: *Er hatte den Traum, weit zu reisen.*

c sich auf Wörter wie *daran, darauf* oder *es* bezieht, z. B.: *Es ging ihm darum, möglichst viel zu sehen.*

4 Partizipgruppen, wenn sie als nachgestellte Erläuterung auftreten, z. B.: *Ich war lange unterwegs, müde dahinstolpernd.*

In **zusammengesetzten Sätzen** muss ein **Komma** gesetzt werden:

5 in **Satzgefügen** zwischen Nebensätzen und Hauptsätzen, z. B.: *Weil ich mir eine Fahrkarte, die mich ins Ausland bringen sollte, gekauft hatte, freute ich mich.*

6 in **Satzreihen** zwischen gleichrangigen Hauptsätzen, wenn diese nicht durch *und, oder, sowie* verbunden sind, z. B.: *Ich wollte erst nach Dänemark, aber das war mir zu teuer (,) und ich fand Kroatien ebenso interessant.*

Man vermeidet Fehler, wenn man zwischen **Teilsätzen** immer ein Komma setzt.

1 Füge die Angaben in Klammern als nachgestellte Erläuterung in die Sätze ein. Setze und markiere die Kommas.

1 Das Grüne Gewölbe befindet sich in Dresden. (eines der berühmtesten Museen der Welt)

Das Grüne Gewölbe, eines der berühmtesten Museen der Welt, befindet sich in Dresden.

2 In Dresden kennt man auch das Blaue Wunder. (eine eindrucksvolle Brücke über die Elbe)

3 Im Roten Rathaus befindet sich der Sitz des Regierenden Bürgermeisters von Berlin. (ein roter Backsteinbau in der Nähe des Alexanderplatzes)

4 Meine Eltern interessieren sich für die Grüne Woche. (in Berlin zuhause)

---

2 Die folgenden Sätze enthalten alle einen Infinitiv mit *zu*. Überlege, wo du ein Komma setzen musst, und ergänze fehlende Kommas.

Mir ist es gelungen ein mathematisches Rätsel zu lösen.
Der Junge hatte einen Aufsatz zu schreiben.
Die Familie diskutiert darüber einen geeigneten Urlaubsort zu finden.
Anstatt mit dem Auto zu fahren nehmen wir lieber das Rad.
In weiter Entfernung ist ein Kuckuck zu hören.

3 Aus zwei wird eins. Forme den zweiten Satz in eine Partizipgruppe um und setze ihn in den ersten Satz ein. Ergänze nötige Kommas.

Paul trat das Fußballspiel an. Er glaubte nicht an den Sieg.

Nicht an den Sieg glaubend trat Paul das Fußballspiel an. Paul trat das Fußballspiel an, nicht an den Sieg glaubend. Paul, nicht an den Sieg glaubend, trat das Fußballspiel an.

Frau Costa geht in ihre neue Klasse. Sie ist von Unruhe geplagt.

Der Hund verzog sich unter die Bank. Er war vom Feuerwerk verängstigt.

Die Gruppe setzte ihre Wanderung fort. Sie war vom Bad erfrischt.

---

4 Setze die fehlenden Kommas. Notiere hinter jedem Satz die Nummer der Regel aus dem Merkkasten (S. 64).

Achtung, Fehler!

1 Um nicht als feige zu gelten, sprang er aus dem Flugzeug, die Angst überwindend. (*3a, 4*) **2** Meine Interessen sind vielfältig z. B. lesen wandern und im Chor singen. (___, ___) **3** In Kroatien besuchten wir Hum die kleinste Stadt der Welt die gerade einmal über 30 Einwohner verfügt. (___, ___) **4** Meine Familie interessiert sich für Sprachen und außerdem wandern wir gern.(___) **5** Gestern besuchten wir Oma um im Haushalt zu helfen denn sie ist nicht mehr so gut zu Fuß. (___, ___) **6** Als Vater vor Kälte zitternd vom Schneeräumen kam ging er sofort unter die warme Dusche. (___)

Kommasetzung in zusammengesetzten Sätzen

1 Setze die fehlenden Kommas in folgenden Satzreihen (Parataxen). Markiere die Konjunktionen und unterstreiche die finiten Verbformen. Notiere die Satzbilder hinter den Sätzen.

Achtung, Fehler!

1 Ich komme gern mit ins Kino, aber morgen kann ich leider nicht. (*Hs, Hs*)

2 Meine Nachbarin versteht gut Englisch sie spricht jedoch nicht gut. (______)

3 Nicht nur das Gedicht stammt von meiner Freundin sondern auch das stimmungsvolle Bild hat sie gemalt. (______)

4 In meiner Familie lieben viele den Besuch von Konzerten doch meine Mutter geht lieber ins Theater. (______)

2 Setze die fehlenden Kommas in folgenden Sätzen und markiere jeweils die Konjunktionen.

Achtung, Fehler!

1 Viele bleiben eine Woche oder auch länger auf einem Campingplatz (,) und sie schlafen im Zelt.

2 Deshalb sind Aufbewahrungskisten eine sinnvolle Anschaffung denn sie schaffen Ordnung.

3 Zum bequemen Sitzen bieten sich Campingstühle an auch Picknickdecken sind bei kühlerer Witterung angebracht.

4 Junge Leute gehen weniger in eine Gaststätte sondern sie bereiten ihr Essen unmittelbar am Zelt zu.

5 Dazu benötigt man einen Gaskocher mit Gaskartusche jedoch sollte man im Umgang mit diesen vorsichtig sein.

6 Als Erstcamper sollte man sich genauestens mit den Regeln auf dem Campingplatz vertraut machen denn die Nichteinhaltung kann unschöne Folgen nach sich ziehen.

3 Bilde Satzgefüge.

Wortliste
weil / da / wenn / damit

Bilde aus den Sätzen zusammengesetzte Sätze aus Haupt- und Nebensatz. Wähle Konjunktionen aus der Wortliste aus, achte auf die Kommasetzung.

1 Die Herbstferien bieten sich für Ausflüge an. Das Wetter ist oft noch schön.

____

____

2 Ein frischer Wind weht. Manche freuen sich über Spaziergänge an der Küste.

____

____

Die Zeichensetzung beim Zitieren

Ein **Zitat** ist die wörtliche Wiedergabe einer Textstelle in einem anderen Text, z. B. in einer Facharbeit oder einem Vortrag.
Ein **direktes (wörtliches) Zitat** muss buchstabengetreu übernommen und in **Anführungszeichen** gesetzt werden. Auslassungen werden durch eckige Klammern mit drei Punkten gekennzeichnet. Das Zitat sollte mit einem **einleitenden Satz** in den eigenen Text eingebunden werden, z. B.: *Ian Mortimer stellt in der Einleitung seines Buches die Frage „Was fällt uns wohl zuerst auf, wenn wir das England Shakespeares besuchen?" (Mortimer, 2020, S. 16).* (wörtliches Zitat)
Ian Mortimer schreibt, es werden wohl „die Gerüche in den Städten" sein (Mortimer, 2020, S. 16). (teilweise wörtliches Zitat)
Ein **indirektes (nicht wörtliches, sinngemäßes) Zitat** ist die sinngemäße Wiedergabe von Gedanken anderer. Indirekte Zitate können durch die Verwendung des Konjunktivs I oder entsprechende Begleitsätze gekennzeichnet werden, z. B.: *Ian Mortimer schreibt in seinem Buch, der Historiker sei immer der Vermittler, er erleichtere der Leserschaft das Verständnis der Vergangenheit (vgl. Mortimer, 2020, S. 20).* Bei beiden Zitierformen ist eine **Quellenangabe** erforderlich.

J. W. v. Goethe

1 Untersuche die Sätze 1 bis 3 und ordne sie den Beschreibungen A bis C zu. Setze jeweils den passenden Buchstaben in die Klammer ein.

A direktes (wörtliches) Zitat **B** indirektes (nicht wörtliches) Zitat
C teilweise direktes (wörtliches) Zitat

1 „Das also ist des Pudels Kern.": Dieser Satz ist zu einer bekannten Redewendung geworden, die aus dem 18. Jh. stammt, und zwar aus Johann Wolfgang von Goethes Drama „Faust".[1] (____)

2 Über seinen Aufenthalt in Venedig schrieb der berühmte deutsche Dichter Goethe in einem Reisebericht, dass ihn dort vielleicht nur *ein* Mensch kenne, und der werde ihm nicht gleich begegnen.[2] (____)

3 Aus der Sicht Heinrich Heines war Goethe ein Dichter, dem alles zum „abgerundeten Kunstwerk" gelang.[3] (____)

[1] Johann Wolfgang von Goethe: Faust I.

[2] J. W. v. G. Der Bericht aus der „Italienischen Reise" 1786.

[3] Heinrich Heine: Sämtliche Werke.

Vollständige Quellenangaben: siehe S. 2

2 Lies folgenden Text und überlege dir mindestens drei Sätze mit eingebauten Zitaten und schreibe sie ins Heft. Verwende verschiedene Möglichkeiten.

Tipp
Orientiere dich an Aufgabe 1.

Iris Marko: Erfolgsgeschichte Kaugummi

Jeder hat schon einmal einen Kaugummi gegessen. Aber was wissen wir über den Kaugenuss? Die Mayas gelten als Entdecker der Kaugummi-Masse. Sie ist der milchige Saft des Sapodilla-Baums. Durch Handel und Forschende kam der Ur-Kaugummi nach Nordamerika. Und dort wurde er beliebt, denn William Wrigley junior verpackte ihn als Bonus beim Kauf von Backpulver. Der Erfolg des Kaugummis ließ nicht lange auf sich warten. Heute gibt es den Kaugummi in vielen Formen und Geschmacksrichtungen. Und er tut gut, da das Kauen den Herzschlag erhöht und somit das Gehirn besser mit Sauerstoff versorgt wird.

Im Text „Erfolgsgeschichte Kaugummi" wird berichtet, ...

Satz- und Textgestaltung

Mittel der Satzverknüpfung

Die Wirkung und Verständlichkeit von Texten hängt wesentlich von der **Satzverknüpfung** ab. Zusammenhänge und Wirkungen entstehen durch:

- die **Satzgliedstellung,** z. B. durch die Besetzung des **Vorfeldes** eines Satzes durch ein bestimmtes Satzglied, um etwas hervorzuheben oder aufzugreifen, z. B.: *Sophia Magdalena Scholl (Subjekt) wurde am 09.05.1921 in Forchtenberg geboren. Dort (Lokalbestimmung) ging sie zunächst auch in den Kindergarten und in die Schule. Später (Temporalbestimmung) zog die Familie nach Ludwigsburg.*
- **spezielle sprachliche Mittel,** wie:
  - Pronomen, z. B.: *sie, ihre,*
  - Adverbien, z. B.: *dann, deshalb, dort, nämlich,*
  - Konjunktionen, Relativpronomen, Fragewörter, z. B.: *und, aber, dass, weil; der/die/das, welcher; wie, wer, warum,*
  - bedeutungsähnliche Wörter (Synonyme, Ober-/Unterbegriffe), z. B.: *Sophie Scholl – die Widerstandskämpferin – die junge Frau.*
- die **Verknüpfung** von inhaltlich verbundenen **Sätzen** zu **zusammengesetzten Sätzen** als **Parataxen** (Satzreihen) oder **Hypotaxen** (Satzgefügen), z. B.: *Sophie ging zunächst in die Volksschule Forchtenberg, später besuchte sie eine Mädchenschule in Ludwigsburg. Weil die Familie umzog, besuchte Sophie später eine Mädchenschule in Ludwigsburg.*

1 Untersuche, wie die Sätze in folgendem Text inhaltlich verknüpft sind.

a Finde im Text Wörter oder Satzglieder, die zur Satzverknüpfung dienen, und markiere sie.

Sophie Scholl – eine Widerstandskämpferin

Der Name Sophie Scholl steht für den Widerstand gegen Hitler im Nationalsozialismus. Obwohl sie zunächst selbst dem „Bund Deutscher Mädel“ angehörte, merkte sie doch recht schnell, welcher Ideologie sie dort ausgesetzt war. Deshalb schlossen ihr Bruder Hans und sie sich der freien Jugendorganisation „Wandervogelbewegung“ an. Bereits 1937 wurden beide für ihre Aktivitäten in dieser Gruppe verhaftet. Der aktive Widerstand allerdings erfolgte erst in der Gruppe „Weiße Rose“. Das ist eine studentische Widerstandsbewegung, die auf die Gefährlichkeit Hitlers in Flugblättern aufmerksam machte. Leider wurden die Geschwister beim Verteilen der Flugblätter bemerkt, deshalb wurden sie vom Hausmeister der Universität München, einem SA-Mann, angezeigt. Nach kurzer Inhaftierung und einem Schauprozess wurde die junge Frau im Alter von 21 Jahren hingerichtet. Wie viel Mut und Überzeugung Sophie besessen haben muss, können wir heute nur erahnen.

Tipp
Orientiere dich am
Merkkasten S. 68.

b Bestimme jeweils die Art der Verknüpfung und notiere sie.

Obwohl = Adverb, sie =

Tipp
Lies ggf. nach in den
Merkkästen S. 61 und 62.

c Finde im Text je einen Beispielsatz für Parataxe und Hypotaxe. Notiere die Sätze in dein Heft.

2 Bearbeite den folgenden Text.

a Verknüpfe die Sätze durch das Umstellen von Satzgliedern sinnvoller.
Schreibe deine Sätze auf die Schreiblinien.

Kennst du …?

(1) Michel aus Lönneberga ist wohl jedem Kind bekannt. Die Figur wurde von der Autorin Astrid Lindgren erdacht. (2) Die „Brailleschrift" ist besser bekannt unter dem Namen „Blindenschrift". Ihr Erfinder ist der 1809 geborene Franzose Louis Braille. (3) Das Haltbarmachen von Milch, das sogenannte „Pasteurisieren", geht auf seinen Erfinder Louis Pasteur zurück. Wenige wissen aber, dass er einen Impfstoff gegen Tollwut entwickelte. (4) Wer weiß Genaueres über Alfred Nobel? Er wurde durch die Erfindung des Dynamits reich. (5) Bertha von Suttner war eine enge Vertraute von Alfred Nobel. Sie animierte ihn zum Einsatz seines Geldes in der Friedensbewegung. Der erste Friedensnobelpreis wurde 1901 verliehen.

(1) Michel aus Lönneberga, eine von der Autorin Astrid Lindgren

b Gib hinter jedem Satz an, ob eine Parataxe (**P**) oder Hypotaxe (**H**) vorliegt.

Mittel der Verdichtung und Auflockerung

In der Wissenschafts- und Fachsprache wird häufig der **Nominalstil** bzw. **Verdichtung** verwendet, v. a. in schriftlichen Texten. Mithilfe nominalisierter/substantivierter Verben oder Ableitungen auf *-ung* werden Aussagen und Sachverhalte kurz dargestellt. Den Nominalstil verwendet man außerdem zur Formulierung von Stichpunkten.
Als **Auflockerung** bzw. **Verbalstil** bezeichnet man die Verwendung vieler Verben, vor allem finiter Verbformen. Verbalstil ist vorwiegend ein Mittel der mündlichen Sprache. Zum Beispiel:

Verbalstil	**Nominalstil**
Das Problem ist, dass in dieser Branche oft Leiharbeiterinnen beschäftigt werden, die nicht genügend ausgebildet sind.	*Die Beschäftigung nicht genügend ausgebildeter Leiharbeiterinnen in dieser Branche ist ein Problem.*
Heinrich Heine wurde 1797 in Düsseldorf geboren. 1831 zog Heine nach Paris um. ...	*1797 Geburt Heinrich Heines in Düsseldorf / 1831 Umzug nach Paris / ...*

1 Ordne die folgenden Sätze einem Sprachstil zu. Schreibe jeweils den Buchstaben dahinter.

A – Nominalstil	**B** – Verbalstil

1 Nach dem erfolgreichen Absolvieren der Prüfungen und dem Erhalt des Abschlusszeugnisses legt Marvin vor Antritt der Ausbildung eine längere Erholungspause ein. (___)

2 Er erholt sich mit seinen Freunden auf einem Campingplatz in Mecklenburg-Vorpommern. (___)

3 Nach seinem Urlaub nimmt Marvin mit Freude seine Ausbildung auf. (___)

4 Das Schreiben und Versenden von Bewerbungen für verschiedene Ausbildungsplätze war für Marvin eine Selbstverständlichkeit. (___)

5 Eine Herausforderung war aber das Bestehen von Vorstellungsgesprächen und Eignungstests, eine Bedingung in vielen Unternehmen. (___)

6 Diese bewältigte Marvin besonders gut in dem Unternehmen, in dem er auch seine Ausbildung zum IT-Fachmann beginnt. (___)

2 Wähle aus Aufgabe 1 zwei Sätze unterschiedlichen Stils aus. Wandle sie in den jeweiligen anderen Stil um und notiere sie.

____

____

3 Folgende Formulierungen sind im Verbalstil verfasst. Wandle sie in den Nominalstil um, kürze und notiere sie auf den Schreibzeilen.

Kurzbiografie zu Heinrich Heine (Verbalstil)
- 1797 in Düsseldorf geboren
- aus einer jüdischen Kaufmannsfamilie abstammend
- später wegen möglicher Anfeindungen zum Christentum gewechselt
- früh am Dichten und Schreiben interessiert
- 1831 nach Paris wegen freierem Leben umgezogen
- 1835 Werke von Heine in Deutschland verboten
- Freundschaft zu Karl Marx entwickelt
- gemeinsam an einer politischen Zeitschrift gearbeitet
- seit 1848 durch schwere Erkrankung ans Bett gefesselt
- 1856 auf seiner „Matratzengruft" in Paris verstorben

Heinrich Heine

Kurzbiografie zu Heinrich Heine (Nominalstil)

(1) 1797 Geburt in Düsseldorf

(2)

(3)

(4)

(5)

(6)

(7)

(8)

(9)

(10)

4 Erstelle Stichpunkte für einen Vortrag. Wähle aus, ob du Nominalstil oder Verbalstil verwenden möchtest. Wandle die Sätze in Stichpunkte um und notiere sie.

1 Heines Werke waren geprägt durch die Epoche der Romantik.

2 Er zählt wegen seiner politischen Haltung zu den Hauptvertretern der so genannten Vormärzliteratur.

3 Heine trat zum Christentum über, weil er als Jude angefeindet wurde.

Wortbedeutung

In der deutschen Sprache sind viele **Wörter mehrdeutig,** d. h., sie haben zwei oder mehrere Bedeutungen. Im Unterschied zu Homonymen haben mehrdeutige Wörter **gemeinsame Bedeutungsmerkmale.** Ihre jeweilige Bedeutung wird bei der Verwendung im Zusammenhang mit anderen Wörtern, d. h. durch den **Kontext,** eindeutig, z. B.:
Ich trainierte mit meinem Pferd für den Springwettkampf. (Tier)
Ich musste im Sportunterricht über das Pferd springen. (Sportgerät, gemeinsames Merkmal: ähnliche Form)
Das Pferd hat den Bauern geschlagen. (Spielfigur beim Schach, gemeinsames Merkmal: ähnliche Form)
Eine **Metapher** ist ein Wort oder ein Ausdruck mit einer **übertragenen, bildhaften Bedeutung.** Sie entsteht durch Übertragung einer ursprünglichen Wortbedeutung auf einen anderen Sachbereich. Grundlage dafür ist ein gemeinsames Merkmal der Ähnlichkeit in beiden Bedeutungen, z. B.:
Die Frucht ist reif. → *Die Zeit ist reif.*
Durch Metaphern wird die Ausdrucksweise eines Textes bildhaft und anschaulich.

1 Lies die folgenden Wortgruppen und suche die Gemeinsamkeiten in der Bedeutung der unterstrichenen Wörter. Versuche, diese stichpunktartig zu formulieren.

über einen Stein stolpern – der Stein des Anstoßes sein

etwas Hartes, was im Weg ist, was stört, was „wehtut“

das Herz schlagen hören – etwas auf dem Herzen haben

den Sonnenschein genießen – ein Sonnenschein sein

einen spitzen Winkel zeichnen – eine spitze Bemerkung machen

dünne Streifen schneiden – sich dünnemachen

den Kuchen auftauen – im Gespräch auftauen

im Wasser untertauchen – in der Menschenmasse untertauchen

____

den eisigen Wind spüren – einen eisigen Blick bemerken

____

2 Was ist gemeint?

a Erkläre die Bedeutungen der folgenden Redewendungen. Schlage wenn nötig im Wörterbuch nach.

sich vom Acker machen – *verschwinden, weggehen*

nur Bahnhof verstehen ______________________________

in den sauren Apfel beißen ______________________________

in ein Fettnäpfchen treten ______________________________

etwas aus dem Ärmel schütteln ______________________________

die Daumen drücken ______________________________

etwas durch die Blume sagen ______________________________

den Faden verlieren ______________________________

●●● b Finde zwei weitere bildhafte Redewendungen und notiere sie.

____

____

3 Sprachliche Mittel machen einen Text interessanter.

Tipp
Orientiere dich am Merkkasten auf S. 72.

a Markiere im Text alle Wörter und Wortgruppen, die in einer übertragenen, bildhaften Bedeutung verwendet werden.

Andre kommt wütend von einem wichtigen Fußballspiel nach Hause und schreit: „Ich könnte Paul auf den Mond schießen!“ Sein Vater versteht die Welt nicht mehr, denn bisher sind die Freunde durch dick und dünn gegangen. Was brachte seinen Sohn nur so auf die Palme? Aber er lässt ihn erst einmal in Ruhe, damit er Dampf ablassen kann. Wenn Andre nämlich rotsieht, dann kann man sich abschminken, mit ihm in Ruhe zu reden. Später stellt sich heraus, dass Paul ein Auge auf eine Mitschülerin von Andre geworfen hat. Deshalb verbringt er viel Zeit mit ihr und ist neuerdings eine treulose Tomate. Paul vergaß sogar das Spiel, obwohl er der beste Stürmer ihrer Mannschaft ist. Aber Paul macht lieber blau, weil er so verschossen ist in Isa. Andres Vater bemüht sich, seinen Sohn zu beruhigen, und gibt ihm Tipps, wie wieder alles ins Lot kommt.

b Wähle drei markierte Wörter/Wortgruppen aus Aufgabe a aus und erkläre kurz deren Bedeutung.

____

____

____

Tipp
Schlage ggf. nach.

4 Erkläre die Bedeutung der folgenden Metaphern und bildhaften Ausdrücke. Schreibe ins Heft.

mit allen Wassern gewaschen sein / die beleidigte Leberwurst spielen / sich ins Hemd machen / den Braten riechen / auf dem Holzweg sein / die Daumenschrauben anziehen / mit dem Rücken zur Wand stehen / den Schalk im Nacken haben

●●● 5 Folgende Aussagen können auch mithilfe von bildhaften Ausdrücken wiedergegeben werden. Überlege dir passende Formulierungen und schreibe sie auf.

Tipp
Recherchiere ggf. im Internet.

etwas endgültig abschließen ______________________________

ein Problem an einem Plan oder einer Sache ______________________________

die Schuld auf sich nehmen ______________________________

sich beeilen ______________________________

6 Manche Wörter verschleiern oder beschönigen etwas.

a Verbinde die Begriffe mit der entsprechenden Bedeutung.

Mitbewerber	Polizist
Ehrenrunde	Wasser
Problemabfall	verhaltensauffällig
Gebrauchsspuren	etwas wiederholen müssen
kostenintensiv	laut und dreckig
verkehrsgünstig	Giftmüll
Gänsewein	abgenutzt und kaputt
Ordnungshüter	Konkurrent
verhaltensoriginell	teuer

b Überlege, warum man manchmal nicht mit klaren Worten sagt, was man meint. Notiere dein Ergebnis.

7 Manche Wörter werden als *Unwörter* bezeichnet.

Tipp
Recherchiere ggf. im Internet.

a Lies folgende *Unwörter*. Überlege, was du jeweils darunter verstehst.

Humankapital
Rentnerschwemme
Ich-AG
Sozialtourismus
alternative Fakten

b Wähle drei *Unwörter* aus. Überlege, was jeweils damit gemeint ist und wie man alternativ formulieren könnte. Notiere deine Ergebnisse.

c Wie würdest du den Begriff *Unwort* definieren? Formuliere einen Satz.

8 Kennst du auch die Wörter des Jahres? Recherchiere im Internet und schreibe mindestens fünf auf, die dir besonders gut gefallen.

Mehrdeutige Wörter

1 Kläre die mehrfache Bedeutung der Wörter und schreibe sie auf.

das Becken	die Bremse
der Bienenstich	die Gabel
das Gericht	der/die Hut
die Mine	der Flügel
der Strom	die Weide

Das Becken: Körperteil; Das Becken: Schüssel, Behältnis, große Wanne (z. B. Waschbecken, Schwimmbecken)

2 Gleiche Schreibung, aber unterschiedliche Aussprache und Bedeutung.

a Lies die Wörter laut. Betone das jeweilige Wort entsprechend seiner Bedeutung.

modern/modern Tenor/Tenor umgehen/umgehen

Tipp
Schlage ggf. nach.

b Verwende die Wörter aus Aufgabe a in sinnvollen Sätzen.

Wortbildung

Für die **Wortbildung** haben sich im Deutschen zwei Formen bewährt:
- die **Ableitung** mithilfe von Präfixen und Suffixen,
  - Präfixe können die Bedeutung von abgeleiteten Wörtern verändern, z. B.: *fahren – verfahren – befahren, möglich – unmöglich,*
  - Suffixe können die Wortart verändern. Sie sind damit auch ein wichtiges Merkmal für die Groß- und Kleinschreibung, z. B.: *erleben – das Erlebnis, der Glaube – glaubhaft, reich – der Reichtum.*
    Ableitungen entstehen außerdem durch Änderung des Wortstamms, z. B.: *fliegen → der Flug; binden → das Band, der Bund, bündig; ziehen → der Zug.*
- die **Zusammensetzung** (Bestimmungswort + Grundwort).
  Die **Wortart des Grundwortes** entscheidet über die Wortart der Zusammensetzung und damit auch über die Groß- oder Kleinschreibung sowie über ihr **Genus** (Geschlecht), z. B.: *die Autorin, das Jugendbuch, die Jugendbuchautorin*
  Manchmal muss ein Fugenelement wie -e-, -(e)s-, -(e)n- oder -er- eingefügt werden, z. B.: *das Herz + der Wunsch → der Herzenswunsch, das Bild + der Rahmen → der Bilderrahmen*
  Grund- und Bestimmungswort können selbst eine Zusammensetzung oder eine Ableitung sein, z. B.: *Erkältung|s|krankheit: er- + kält + -ung + -s- + krank + -heit.*
  Mithilfe der **Zerlegeprobe** lassen sich Wörter in ihre Bauteile zerlegen. Dadurch kann man Klarheit über die Schreibung der Wörter bekommen.

1 Der folgende Text enthält Zusammensetzungen und Ableitungen.

a Identifiziere die Zusammensetzungen im Text und markiere sie in einer Farbe.

Die letzten Schultage vor den großen Sommerferien sind für Schülerinnen und Schüler besonders anstrengend, denn mit Temperaturen um die 30 Grad sind die Schulgebäude aufgeheizt und die Luft ist stickig. Deshalb werden diese Tage oft im Freien verbracht, z.B. mit Wanderungen in die nähere Umgebung, mit dem Besuch der Freibäder oder der Besichtigung von Sehenswürdigkeiten der Heimat. Die Fünftklässler einer Thüringer Schule z.B. studieren ihr Begrüßungsprogramm für die neuen 5. Klassen ein. Oder es werden typische Pflanzen der Region gesammelt, um ein Herbarium anzulegen. So entwickelt sich nicht nur ein angenehmes Klassenklima, sondern es werden neue Lernkanäle genutzt.

b Finde alle Ableitungen im Text und kennzeichne sie in einer anderen Farbe.

2 Bilde aus dem Wortmaterial Zusammensetzungen. Übertrage die Tabelle in dein Heft und ergänze so viele sinnvolle Wörter wie möglich.

Tipp
Achte auf die Groß- bzw. Kleinschreibung.

~~der Sport~~ / das Eis / trocken / laufen / voll / reich / der Sommer / die Kirsche / die Weile / ab / zusammen / der Weg / aufwärts / nach / rücken / der Stand / fahren / ~~wetten~~ / spielen / das Geräusch / die Tradition / die Nacht / der Traum / der Kern / entfernen / lange / räumen / schließen / schwimmen

Nomen/Substantive	Adjektive	Verben
die Sportwette	…	…

3 Welche Farben passen zu den vorgegebenen Substantiven? Bilde zusammengesetzte Adjektive und schreibe sie in dein Heft.

das Blut / der Senf / die Kornblume / der Klatschmohn / das Eis / die Erdbeere / die Kirsche / die Zitrone / die Nacht / die Taube / das Gras / die Sonne / das Veilchen / die Maus / der Kohlrabe / die Asche / der Schnee / die Rose

blutrot, ...

4 Bilde Ableitungen zu den vorgegebenen Wortstämmen. Ergänze die Tabelle, indem du mithilfe von Präfixen und Suffixen Wörter bildest.

Tipp
Achte auf die Wortart.

Wortstamm	Nomen/Substantiv	Adjektiv	Verb
-fass-	*die Fassung*	*unfassbar*	*befassen*
-wohn-			
-neu-			
-schreib-			
-tanz-			
-deut-			
-kampf-			
-lieb-			
-bau-			
-prüf-			

5 Von Ableitung spricht man auch bei Änderung des Wortstamms bei verwandten Wörtern. Bilde von den folgenden Verben abgeleitete Nomen/Substantive mit geändertem Wortstamm und schreibe sie auf.

fahren – ______ küssen – ______ schießen – ______

gießen – ______ fliehen – ______ grüßen – ______

schließen – ______ fließen – ______ müssen – ______

6 Mithilfe von Präfixen kann man Gegensätze ausdrücken. Ergänze Wörter, die das Gegenteil wiedergeben. Schreibe jeweils beide Wörter ins Heft.

Tipp
Präfixe: anti- / un- / miss- / ent-

verstehen – *missverstehen*

die Vernunft, deuten, vergiften, sichern, gewöhnen, zyklisch, günstig, autoritär, die Gunst

4 Du kannst z. B. folgende Präfixe/Suffixe verwenden:
Substantive: *-ung / -heit / -keit,*
Adjektive: *-bar / -lich,*
Verben: *- über / -en / be- / er- / -um / ver- / nach-.*

Groß- und Kleinschreibung

Nominalisierungen/Substantivierungen

Im Deutschen kann jedes Wort als **Nomen/Substantiv gebraucht,** also **nominalisiert/substantiviert** werden. Es wird dann wie ein Nomen **großgeschrieben** und **dekliniert** (gebeugt). Es kann von einem Artikel, einem Pronomen, einer Präposition, einem Zahlwort oder einem Adjektiv **begleitet** werden.
Eine **Nominalisierung/Substantivierung** steht immer am Ende einer sogenannten **nominalen** Wortgruppe. Deshalb hilft die **Erweiterungsprobe,** sie zu erkennen, z. B.: *das Blau, das helle Blau, das hell leuchtende Blau* (nominalisiertes Adjektiv), *mein Ich, mein starkes Ich, mein sehr starkes Ich* (nominalisiertes Pronomen), *dein Aber, dein häufiges Aber, dein auffallend häufiges Aber* (nominalisierte Konjunktion), *sein Aua, sein leises Aua, sein leise wimmerndes Aua* (nominalisierte Interjektion), *das Für und Wider, das abwägende Für und Wider, das gründlich abwägende Für und Wider* (nominalisierte Präposition).

1 Groß oder klein? Streiche die falsche Schreibweise durch.
Markiere das Begleitwort farbig.

Dein ~~klagen~~/Klagen hilft uns nicht weiter.

Mit dem Lösen/lösen von Rätseln hält sich meine Oma fit.

Vor dem Schwimmen/schwimmen sollte man nicht Essen/essen.

Während des Arbeitens/arbeitens bitte nicht Stören/stören.

2 Begleitwörter helfen dir, nominalisierte Verben zu erkennen.

a Ergänze die Sätze. Nominalisiere dazu die Verben in Klammern mithilfe eines passenden Begleitwortes aus der Randspalte.

Wortliste
ein / unser / das / beim / durch

1 Auf unserer Exkursion stöhnten einige, vor allem (wandern) ____________ den Brocken.

2 Doch an (weglaufen) ____________ war nicht zu denken.

3 Vermeiden wollten wir (wegwerfen) ____________ von Müll in der Natur.

4 (aufstellen) ____________ von Schildern wollten wir für Aufmerksamkeit sorgen.

5 Wir hoffen, dass (bitten) ____________ Erfolg haben wird.

Tipp
Orientiere dich am Merkkasten S. 79.

b Die Erweiterungsprobe hilft dir, eine Nominalisierung zu erkennen. Wähle drei Beispiele aus Aufgabe a, die du zu einer nominalisierten Wortgruppe ergänzt. Unterstreiche die Nominalisierung.

beim Wandern, beim anstrengenden Wandern, beim sehr anstrengenden Wandern

____

____

____

____

3 Adjektive werden nach unbestimmten Mengenangaben nominalisiert.

a Wähle eine passende Mengenangabe aus der Wortliste und ergänze die Sätze. Achte auf die Großschreibung der Nominalisierung.

Wortliste
etwas / nichts /viel / wenig / allerlei

1 Heute geschah wirklich ______________________ (aufregend).

2 In dem neuen Kinofilm gab es ______________________ (spannend).

3 Mein Bruder kocht heute Abend ______________________ (lecker).

4 In unserer Diskussion sagt Rico ______________________ (scharfsinnig).

5 Bei unserer Nachtwanderung passierte ______________________ (seltsam).

b Ersetze die in folgenden Sätzen unterstrichenen Satzteile durch nominalisierte Adjektive. Formuliere bei Bedarf um.

1 Es ist gut, dass wir gesund sind.

Das Gute ist, ______________________

2 Die Dokumentation zeigte nur wenig, was unterhaltsam war.

____

3 Alles, was neu ist, betrachte ich zunächst skeptisch.

____

4 Es ist wirklich toll, dass bald wieder Ferien sind.

____

c Bilde mit den folgenden unbestimmten Mengenangaben eigene Sätze mit nominalisierten Adjektiven.

alles: *Ich esse gern alles Frische.*

manches: ______________________________

lauter: ______________________________

etliche: ______________________________

4 Nominalisierung oder nicht?

a Entscheide, ob in den unterstrichenen Wortgruppen groß oder kleingeschrieben wird. Streiche das falsche Wort durch.

b Manche der unterstrichenen Wortgruppen sind Nominalisierungen. Identifiziere sie und schreibe sie in der richtigen Groß- und Kleinschreibung in die entsprechende Tabellenspalte.

1 Kannst du nach dem Mähen/~~mähen~~ bitte noch im Erdbeerbeet das Unkraut Jäten/jäten?

2 Ich trage lieber etwas Einfarbiges/einfarbiges, dieses Kleid ist mir zu Bunt/bunt.

3 Beim Chatten/chatten merke ich einfach nicht, wie die Zeit Vergeht/vergeht.

4 Es gibt nichts Schlimmeres/schlimmeres, als ständig nur das Negative/negative zu sehen.

Nominalisiertes Verb:	Nominalisiertes Adjektiv:
1 nach dem Mähen *Begründung: bestimmter Artikel als Begleiter, kommt vom Verb „mähen“* *2*	

b Begründe deine Entscheidung jeweils und notiere sie in Stichpunkten in der Tabelle.

5 Bilde mindestens fünf nominale Wortgruppen und verwende sie in sinnvollen Sätzen. Unterstreiche jeweils die Nominalisierung.

im das bis
nach vor

FOLGENDE – ÜBRIGEN –
LANGEM HIN UND HER – KURZEM

Im Folgenden stelle ich den Aufbau des Referats vor. Das Folgende

6 Schreibe folgende Sätze in richtiger Groß- und Kleinschreibung auf. Unterstreiche alle Nominalisierungen.

1 GESTERN BIN ICH AM MORGEN TATSÄCHLICH ZU SPÄT ZUR SCHULE GEKOMMEN.

2 ES IST EIN LEICHTES, DIESER DISKUSSION EIN ENDE ZU BEREITEN.

3 IM GROẞEN UND GANZEN BIN ICH GUT AUF DIESE KLASSENARBEIT VORBEREITET.

4 SEIN LACHEN GEFÄLLT MIR SEHR.

5 SIE HAT IN DIESER SITUATION AM SCHNELLSTEN REAGIERT.

Groß- und Kleinschreibung

1 Unter einem „geflügelten Wort" versteht man eine Redewendung, die meist auf eine bestimmte Äußerung einer Person zurückgeht und in den allgemeinen Sprachgebrauch aufgenommen wurde.

a Ergänze folgende geflügelte Worte durch die Buchstaben in Klammern. Entscheide jeweils über die richtige Groß- und Kleinschreibung.

1 Das ___unde (r/R) muss in das ___ckige (e/E).

2 Es gibt nichts ___utes (g/G), außer man tut es.

3 Das ___ngenehme (a/A) mit dem ___ützlichen (n/N) verbinden.

4 Alles ___escheite (g/G) ist schon gedacht worden.

b Begründe die Großschreibung, indem du nominale Wortgruppen bildest.
Ergänze dazu jeweils mindestens ein weiteres Begleitwort.
Unterstreiche die Nominalisierung.

1 das Runde – das große Runde

2 ______

3 ______

4 ______

2 Feste Wendungen werden meistens großgeschrieben. Die Schreibung häufig vorkommender Wendungen sollte man sich einprägen.

a Lies folgende Wortgruppen und unterstreiche die Nominalisierungen.

1 einen Vorschlag in Betracht ziehen, **2** im Folgenden Beispiele aufzählen, **3** den Text im Wesentlichen verstanden haben, **4** im Allgemeinen ganz zufrieden sein, **5** die Strecke ohne Weiteres bewältigen, **6** bis auf Weiteres herzlich grüßen, **7** im Großen und Ganzen fertig sein

b Verwende die Wortgruppen aus Aufgabe a in kurzen Sätzen.

1 Wir sollten diesen Vorschlag in Betracht ziehen. ...

______

______

______

1 b Du kannst z. B. aus folgenden Begleitwörtern auswählen:
besonders, spitze, sehr, außerordentlich, wirklich, ungewöhnlich

Getrennt- und Zusammenschreibung

Regeln der Getrennt- und Zusammenschreibung bei Verben

In der Regel werden **Verbindungen mit Verben** zum besseren Lesen getrennt geschrieben. Häufig kann man mithilfe der **Betonungs-** und **Bedeutungsprobe** über die Getrennt- oder Zusammenschreibung entscheiden.
Liegt die **Betonung auf dem ersten Bestandteil,** dann wird zusammengeschrieben, z. B.: *hinauslehnen,* (einen Betrag) *gutschreiben.*
Werden **beide Bestandteile betont,** wird getrennt geschrieben, z. B.: *laut reden, schnell laufen,* (einen Aufsatz) *gut schreiben.*
Wird die Wortverbindung **in übertragener Bedeutung** verwendet, dann wird sie zusammengeschrieben, z. B.: (von Schuld) *freisprechen,* (jemanden) *krankschreiben*
Bei Verbindungen von Verben mit *bleiben* und *lassen* **in übertragener Bedeutung** ist sowohl Getrennt- als auch Zusammenschreibung möglich, z. B.: *sitzenbleiben* und *sitzen bleiben* (nicht versetzt werden), *stehenlassen* und *stehen lassen* (nicht mitnehmen)
Bei Verbindungen mit *sein* wird immer getrennt geschrieben, z. B.: *da sein, pünktlich sein.*

1 Wörter werden in der Regel getrennt geschrieben.

a Unterteile die Wörter in den folgenden Sätzen mit Strichen und schreibe sie anschließend richtig auf. Achte auch auf die Groß- und Kleinschreibung.

1 Heute/nachmittag/müssen/wir/unbedingt/einkaufen/gehen.

Heute Nachmittag ______________________________

2 Ichbinsokrankundkannnichtarbeitengehen.

____

3 Nachseinemunfallmussteerwiederlaufenlernen.

____

4 Dieerinnerungandieseserlebniswirdhaftenbleiben.

____

5 Wollenwirmorgenschwimmengehen?

____

6 Daswerdeichdirnochhundertmalsagenmüssen.

____

b Verbindungen von Verb und Verb werden in der Regel getrennt geschrieben. Schreibe aus deinen Sätzen in Aufgabe a die getrennt geschriebenen Verben heraus.

1 einkaufen gehen, 2 ... ______

______

c In übertragener Bedeutung können Verbindungen mit *lassen* und *bleiben* auch zusammengeschrieben werden. Ergänze folgende Sätze. Entscheide, ob zusammengeschrieben werden muss oder nicht.

1 Wir können den Schrank an dieser Seite ______. (stehen, lassen)

2 Dieses Argument kann ich so nicht ______. (stehen, lassen)

3 Wichtig ist, dass wir nicht auf diesem Niveau ______. (stehen, bleiben)

4 Bei Gelb kannst du nicht mehr fahren, du musst ______. (stehen, bleiben)

5 Er hat seinen Kollegen einfach links ______. (liegen, lassen)

6 Du sollst den großen Stein ______. (liegen, lassen)

7 Wenn du so müde bist, musst du halt ______. (liegen, bleiben)

8 Wenn du nicht bald in die Werkstatt fährst, wirst du mit dem Auto noch ______. (liegen, bleiben)

●●● **d** Getrennt oder zusammen? Bilde eigene Beispielsätze mit folgenden Verbindungen und schreibe sie ins Heft.

fallenlassen / fallen lassen

steckenlassen / stecken lassen

haftenbleiben / haften bleiben

sitzenbleiben / sitzen bleiben

2 Auf die Betonung kommt es an! Bei folgenden Verben hängt die Bedeutung des Wortes von der Betonung ab. Erkläre die Bedeutung mithilfe eines Beispiels und notiere es.

Tipp
Betone den jeweils unterstrichenen Wortteil, um die Bedeutung des Verbs herauszufinden.

1 umfahren – *um ein Hindernis herumfahren*

umfahren – *etwas fahrend umwerfen*

2 umgehen – ______

umgehen – ______

3 durchkämmen – ______

durchkämmen – ______

4 durchschauen – ______

durchschauen – ______

3 Verbindungen aus Nomen/Substantiv und Verb werden meistens getrennt geschrieben. Es gibt aber auch Ausnahmen, die man sich einprägen muss.

Tipp
Orientiere dich am Merkkasten S. 84. Nutze ggf. ein Wörterbuch.

a Getrennt oder zusammen? Vervollständige die Sätze.

1 ______ ist für mich der ideale Sport. (RADFAHREN)

2 Ich trainiere viel und kann auch an den Wochenenden an Wettkämpfen ______. (TEILNEHMEN)

3 Bei der Anmeldung zum Rennen muss man mitunter ______. (SCHLANGESTEHEN)

4 Während eines Radrennens muss man wirklich ______. (ACHTGEBEN).

5 Die Konkurrenten mit der eigenen Taktik ______ (IRREFÜHREN) und gleichzeitig dem schnellen Tempo ______ (STANDHALTEN), ist schwer zu ______. (HANDHABEN)

6 Als Ausgleich treibe ich auch gern anderen Sport wie ______ (SEILSPRINGEN), ______ (TENNISSPIELEN), ______ (BERGSTEIGEN) oder im Winter ______ (SKIFAHREN).

7 Mit mir kann man daher nur schwer ______________ (SCHRITTHALTEN).

8 Vor jedem Training muss ich ______________ (ESSENKOCHEN), denn Kohlenhydrate sind für einen Sportler wichtig.

9 Aber heute bin ich total erschöpft. Ich werde wohl morgen nicht das Rad nehmen, sondern ______________. (BUSFAHREN)

10 Gestern ging es einem Freund ähnlich, ich habe ihn ______________ (HEIMBRINGEN) müssen.

b Wähle Verbindungen aus Nomen/Substantiv und Verb aus und bilde ganze Sätze. Schreibe ins Heft.

leidtun, kopfstehen, preisgeben, schlafwandeln / Cello spielen, Not leiden, Auto fahren, Angst haben

Sein Verhalten tat ihm aufrichtig leid.

4 Farbadjektiv und Verb werden nur bei übertragener Bedeutung zusammengeschrieben.

a Entscheide dich für die richtige Schreibung. Setze die Wörter in die Lücken ein.

1 Musst du immer gleich ______________ (rot sehen).

2 Ich würde die Wand gern ______________ (gelb streichen).

3 Man kann nicht ständig ______________ (schwarz sehen).

4 Morgen werde ich ______________ (blau machen).

5 Man kann seine Weste nicht immer ______________ (weiß waschen).

Achtung, Fehler!

Tipp
Achte auf die Bedeutung. Nutze die Betonungsprobe.

b Entscheide dich für die richtige Schreibung. Streiche die falsche Schreibung durch.

1 Ich musste für eine Woche krankgeschrieben / ~~krank geschrieben~~ werden.

2 Die Deutschprüfung ist ihr sehr leichtgefallen / leicht gefallen.

3 Er ist umgeknickt und leichtgefallen / leicht gefallen.

4 Sie ging in den Keller, weil sie den Sekt kaltstellen / kalt stellen wollte.

5 Mit dieser Aussage hat er seinen Konkurrenten kaltgestellt / kalt gestellt.

6 Es wird schon alles gutgehen / gut gehen.

7 Diesen Abend können wir gern bald wiederholen / wieder holen.

●●● **c** Bilde jeweils einen Satz mit der Verbindung *falschliegen / falsch liegen*. Schreibe ins Heft.

Getrennt- und Zusammenschreibung

1 Verbindungen mit *sein* werden immer getrennt geschrieben.

a Lies folgende Verbindungen mit *sein* und setze sie sinnvoll in die Sätze ein.

müde sein, fertig sein, zufrieden sein, glücklich sein, beisammen sein

1 Nach der Arbeit werden wir sicher ____________________.

2 Mit deinem Ergebnis kannst du ____________________.

3 Alle werden ____________________, dich zu sehen.

4 Endlich können wir wieder ____________________.

5 Hoffentlich werde auch ich dann schon mit der Arbeit ____________________.

b Bilde fünf eigene Sätze mit den Verbindungen mit *sein*. Schreibe ins Heft.

2 Verbindungen mit *irgend-* werden in der Regel zusammengeschrieben.

a Präge dir folgende Schreibungen ein.

irgendwer, irgendwas, irgendwo, irgendwann, irgendetwas, irgendjemand

b Verwende die Beispiele aus Aufgabe a in Sätzen. Schreibe ins Heft.

Irgendwer hat immer etwas einzuwenden. ...

3 Auch die Schreibung folgender häufig vorkommender Wendungen sollte man sich einprägen.

a Lies folgende Verbindungen, die immer getrennt geschrieben werden.

auf einmal, ein bisschen, noch einmal, zu Ende, erst einmal, gar nicht, gar kein, wie viel, auf Wiedersehen

b Bilde fünf kurze Sätze mit den Verbindungen aus Aufgabe a. Schreibe ins Heft.

Eben hatte die Sonne noch geschienen und auf einmal begann es zu regnen. ...

c Manchmal helfen „Eselsbrücken“. Ergänze folgende Eselsbrücken mithilfe deines Wissens aus Aufgabe a. Markiere die Verbindungen jeweils farbig.

1 Gar nicht wird g________________ zusammengeschrieben.

2 N________________ schreibt man zweimal.

3 E________________ wird kein bisschen großgeschrieben.

Fremdwörter

Fremdwörter sind Wörter, die aus einer anderen (fremden) Sprache übernommen wurden und sich in Lautung, Schreibung und Flexion unserer Sprache **noch nicht angepasst haben.** Viele Wörter kommen aus dem Lateinischen, Griechischen, Französischen und Englischen, z. B.: *rhythmisch* (griech.), *die Diskussion* (lat.), *die Blamage* (franz.).
Der Einfluss der englischen Sprache ist gegenwärtig am größten, der der französischen geht zurück. **Typische Buchstabenkombinationen** sind z. B.:
im Französischen: *age, aill, é, eau, oi, ou,*
im Englischen: *ea, eau, igh, ity, oo, ou, y.*

1 Was bedeuten die Fremdwörter?

Tipp
Nutze ggf. ein Nachschlagewerk.

a Verbinde die Fremdwörter mit den richtigen Erklärungen.

apropos	Notlage
Courage	seltsame Angewohnheit
Balance	übrigens, nebenbei bemerkt
Kalkül	Mut
Jargon	Streit, Meinungsverschiedenheit
Misere	Gleichgewicht
Disput	spezieller Wortschatz
Marotte	Berechnung

b Ergänze zu den folgenden Verben das entsprechende Nomen/Substantiv und die Bedeutung. Schreibe in die Tabelle.

Verb	Substantiv/Nomen	Bedeutung
engagieren	*das Engagement*	
revanchieren		
arrangieren		
abonnieren		
plädieren		

c Wähle mindestens fünf Fremdwörter aus den Aufgaben a und b aus und verwende sie in Wortgruppen. Schreibe ins Heft.

sich mit Courage engagieren, eine Zeitung …

2 Fremdwörter aus dem Französischen erkennt man häufig an ihren Endungen.

a Ordne die folgenden Fremdwörter nach ihren Endungen. Schreibe sie sortiert auf.

Café, Frisée, Varieté, Chicorée, Soufflé, Frappé, Separee, Cuvée, Resümee, Chaussee, Rosé, Entrée, Gelee, Frikassee, Porree, Püree, Frottee, Charité

____

____

Tipp
Wähle möglichst dir unbekannte Fremdwörter aus.

b Wähle fünf Fremdwörter aus Aufgabe a aus und erkläre ihre Bedeutung mithilfe eines Fremdwörterbuchs. Notiere jeweils einen Satz in dein Heft.

3 Es gibt ähnlich klingende Fremdwörter.

a Lies die folgenden Wortpaare.

1 die Konifere, **2** die Koryphäe *1 Nadelgehölz* ______________________________

3 die Galeere, **4** die Galerie ______________________________

5 die Bouillon, **6** der Blouson ______________________________

7 das Relais, **8** das Palais ______________________________

b Schlage ihre Bedeutung nach und notiere sie stichpunktartig auf den Schreibzeilen.

c Verwende 5 Fremdwörter aus Aufgabe a in kurzen Sätzen. Schreibe sie ins Heft.

4 Ergänze den folgenden Text mit passenden Fremdwörtern aus dem Französischen und aus dem Englischen. Streiche bereits gewählte Wörter durch.

Wortliste
~~happy~~ / Croissant / Make-up / Pension / cool / Hotel / Café / style / Surferparadies / Diskothek / auspowern / geflirtet / Accessoires / Rendezvous

Wenn meine Familie einen Trip nach Frankreich plant, bin ich *happy*. Zuerst stellt sich die Frage: Ferienwohnung oder __________? Ich finde alles __________. In diesem Jahr fiel die Entscheidung auf eine kleine __________. Morgens sitze ich gern in einem __________, genieße ein knuspriges __________ und schaue aufs Meer. Der Atlantik ist für viele ein wahres __________. Später in der __________ kann ich mich beim Tanzen richtig __________. Dafür __________ ich mich richtig auf. __________ und auffällige __________ sind das A und O. Im letzten Jahr hatte ich sogar ein __________. Wir haben den ganzen Abend __________.

Der folgende Text hilft dir herauszufinden, was du schon sicher kannst und was du noch üben musst. Folgende Bereiche kannst du überprüfen:

A Verstehen von Texten (Aufgaben 1–4)	ca. 25 min		/ 16 P.
B Grammatik (Aufgaben 5–10)	ca. 25 min		/ 20 P.
C Rechtschreibung (Aufgaben 11–16)	ca. 20 min		/ 32 P.
Insgesamt	ca. 70 min		/ 68 P.

A Textverständnis

5 P. **1** Erschließe den folgenden Sachtext.
Lies den Text und notiere dann Zwischenüberschriften auf den Schreiblinien unten.

Wasser – ein globales Problem

Trinkwasser ist ein unverzichtbares Lebensmittel. Es gilt als Naturprodukt und wird zu einem hohen Prozentsatz aus Grund- und Quellwasser gewonnen. Wasser ist der Schlüssel zu Ernährungssicherheit und wirtschaftlichem Wachstum.

Der Kampf ums Wasser ist eine weltweite Herausforderung. Jeder vierte Mensch auf der Erde ist von schwerwiegenden Wasserproblemen betroffen. Rund zwei Milliarden Menschen haben keinen Zugang zu sauberem Trinkwasser. Viele laufen kilometerweit, um an sauberes Wasser zu gelangen. Täglich sterben weltweit mehr als 1000 Kinder unter fünf Jahren an Krankheiten, die durch verschmutztes Wasser, fehlende Sanitäreinrichtungen und mangelnde Hygiene verursacht werden. Am meisten betroffen sind Länder in Afrika, Asien und Lateinamerika.

Ein Auslöser des zunehmenden Wassermangels ist der Klimawandel. Zerstörerische Stürme, Überschwemmungen und historische Dürren zerstören Häuser und Einrichtungen, kontaminieren Wasserquellen, erzeugen Hungerkrisen und verbreiten Krankheiten. Aber auch industrielle Abfälle, Pestizide, Dünger und fäkale Verschmutzung durch fehlende Abwasserentsorgung gefährden die Wasserressourcen. Wenn das Wasser immer knapper wird, könnten die Auswirkungen immer fataler werden. Kraftwerke würden weniger Strom produzieren oder müssten abgeschaltet werden. An Tankstellen wird der Treibstoff knapp. Wasserversorger legen Höchstmengen für den Wasserverbrauch fest. Obst und Gemüse werden teurer. Die Waldbrandgefahr steigt.

Zum Thema Wassermangel und drohender Wassernotstand in Deutschland recherchierte der bekannte Wirtschaftsjournalist Uwe Ritzer auf der Grundlage wissenschaftlicher Erkenntnisse. Seine Ergebnisse liegen nun in seinem Buch „Zwischen Dürre und Flut“ vor. Hier wird deutlich, dass Deutschland in den letzten 20 Jahren 15,2 Milliarden Tonnen Wasser aus den natürlichen Speichern verloren hat. Das ist ein Besorgnis erregender Wert, da knapp drei Viertel unseres Trinkwassers aus dem Grundwasser stammen. Der Grundwasserpegel sinkt, da wir in den Sommern mit langen Trockenperioden zu kämpfen haben und der Regen zur falschen Zeit in zu großen Mengen fällt. Folglich kann der trockene Boden die Wassermengen nicht aufnehmen. Der Regen kann nicht versickern, sondern fließt ab. In heißen Sommern verbrauchen Landwirtschaft, Industrie und private Haushalte mehr Wasser. Bei Hitze verdunstet außerdem mehr Wasser.

Aber, es ist noch nicht zu spät. Jeder Einzelne von uns kann im Umgang mit Wasserressourcen etwas tun, sollte Wasser wertschätzen und nicht exzessiv verbrauchen. Das wäre ein Beitrag zum Klimaschutz, ohne Wenn und Aber. *

1. Abschnitt ______

2. Abschnitt ______

3. Abschnitt ______

4. Abschnitt ______

5. Abschnitt ______

2 P. **2** Was ist unter dem Begriff *Wasserressourcen* (Z. 16) zu verstehen? Erschließe die Bedeutung mithilfe des Textes. Notiere in ganzen Sätzen.

______

______

______

6 P. **3** Lies folgende Satzanfänge zum Text „Wasser" aus Aufgabe 1 und ergänze sie entsprechend.

Das Hauptthema des Textes beschreibt ______

Die Ressource Trinkwasser ist für die Menschen wichtig, weil ______

______

Im ersten Teil wird auf weltweite Probleme im Kampf um das Wasser

eingegangen. Herausforderungen liegen ______

______

Im Folgenden werden Auslöser für Wassermangel und mögliche Folgen benannt:

Auch der Klimawandel hat Auswirkungen auf die Wasserressourcen, denn

______

Zur Situation in Deutschland recherchierte ______

______

Abschließend kann man sagen, dass ______

3 P. **4** Wo kommst du in deinem Alltag mit Wasser in Berührung? Nenne drei Situationen, schreibe jeweils einen ganzen Satz.

Gesamtpunktzahl Teil 1: ... P. / 16 P.

B Grammatik

5 P. **5** Gib die folgenden Sätze in der indirekten Rede wieder. Entscheide jeweils, ob du den Konjunktiv oder eine andere Form der indirekten Redewiedergabe nutzen willst.

1 „In einigen Regionen Deutschlands sind die Menschen bereits mit den negativen Folgen des Wassermangels konfrontiert."

2 „Die Zeiten, in denen Wasser immer und überall verfügbar ist, gehen zu Ende."

3 „Zu den größten Wasserverbrauchern gehören die Energieversorger."

4 „Mineralwasserhersteller erzielen mit dem Verkauf von Trinkwasser extrem hohe Gewinne."

5 „Eine neu angesiedelte Fabrik zur Autoproduktion im Bundesland Brandenburg verbraucht z. B. so viel Wasser wie eine Stadt mit 40 000 Einwohnern."

5 P. **6** Bilde mit folgenden Wortgruppen Aufforderungssätze im Imperativ. Schreibe drei Sätze im Singular und zwei Sätze im Plural.

nicht so lange duschen – den Garten mit Regenwasser bewässern –
mal duschen, anstatt zu baden – die Waschmaschine ganz befüllen –
den Stopper an der Toilettenspülung benutzen

3 P. **7** Formuliere Sätze aus Aufgabe 6 ins Passiv um. Dies ist bei drei Sätzen möglich. Notiere sie.

2 P. **8** Der dritte Absatz des Textes enthält Konjunktivformen. Schreibe die beiden Sätze, die im Konjunktiv formuliert sind, auf die Schreibzeilen und unterstreiche die Konjunktivformen.

3 P. **9** Suche im Text Beispiele für folgenden Satzbau **1–3**. Unterstreiche die entsprechenden Sätze im Text. Ergänze am Rand des Textes die passende Ziffer 1, 2 oder 3.

1 Satzgefüge mit einem *Relativpronomen* als Einleitewort.

2 Satzreihe mit einer *Konjunktion*

3 Satz mit einer *Infinitivgruppe*

2 P.

10 Setze in folgendem Satz alle fehlenden Kommas.

Achtung, Fehler!

Wasser ist eine durchsichtige weitgehend farb- geruch- und geschmacklose Flüssigkeit die bei 0° C gefriert und bei 100° C siedet sowie hauptsächlich aus einer Wasserstoff-Sauerstoff-Verbindung besteht.

Gesamtpunktzahl Teil 2: ... P. / 20 P.

C Rechtschreibung

10 P. / ½ P. Abzug pro falscher Groß-schreibung

11 Schreibe die folgenden Sätze in der richtigen Groß- und Kleinschreibung auf.

ZU EINEM UMFASSENDEN WASSERMANAGEMENT GEHÖRT, DASS FÜR DIE INDUSTRIE ANREIZE ZUM WASSERSPAREN GESCHAFFEN WERDEN MÜSSEN. DIE LANDWIRTSCHAFT SOLLTE VOM GROßFLÄCHIGEN BESPRÜHEN DER ACKERFLÄCHEN ZU ZIELGENAUER TRÖPFCHENBEWÄSSERUNG ÜBERGEHEN. DIE WASSERVERSORGUNG DARF NICHT PRIVATISIERT WERDEN. ABER DAS WICHTIGSTE IST, DASS DIE ÖFFENTLICHE TRINKWASSERVERSORGUNG IMMER VORRANG VOR ALLEM ANDEREN VERWENDEN DES WASSERS HAT.

12 Im Text in Aufgabe 11 sind Nominalisierungen/Substantivierungen enthalten.

2 P. / ½ P. pro richtiger Lösung

a Schreibe zwei Nominalisierungen auf und ergänze jeweils die nominalisierte Wortart in Klammern.

2 P. / ½ P. pro richtiger Lösung

b Finde zwei weitere Beispiele für Nominalisierungen im Text von Aufgabe 11 und schreibe diese mit dem jeweiligen Begleitwort auf.

3 P. / ½ P. pro richtiger Lösung

13 Ordne den folgenden Fremdwörtern die entsprechenden Bedeutungen zu. Zeichne Verbindungslinien ein.

Gegenstände, Wasser, Lebensmittel verunreinigen/verseuchen	Pestizide
weltumspannend, umfassend	kontaminieren
maßlos, ausschweifend	global
Erhaltung, Förderung und Festigung der Gesundheit	exzessiv
Schädlingsbekämpfungsmittel	Hygiene
unangenehm, folgenschwer	fatal

8 P.

14 Welche Wörter gehören zur Wortfamilie „Wasser"? Bilde mindestens 8 Wörter verschiedener Wortarten mit den folgenden Präfixen und Suffixen und notiere sie.

be- / ent- / ver- / ab- / -ung / -ig

4 P. / 2 P. pro richtiger Lösung

15 Bilde eine Satzreihe und ein Satzgefüge mit Wortbeispielen aus Aufgabe 14.

3 P.

16 Es gibt viele Redewendungen/Sprichwörter zum Thema Wasser. Wähle drei aus und erkläre deren übertragene Bedeutung stichpunktartig.

1 nah am Wasser gebaut sein / **2** kein Wässerchen trüben können / **3** mit allen Wassern gewaschen sein / **4** ins kalte Wasser werfen / **5** das Wasser steht jemandem bis zum Hals / **6** jemandem nicht das Wasser reichen können / **7** Stille Wasser sind tief. / **8** Das ist nur ein Tropfen auf dem heißen Stein.

Gesamtpunktzahl Teil 3: ... P. / 32 P.

Lösungen

Seite 5

1 b Das Thema des Textes: Vor- und Nachteile von Geld- bzw. Sachgeschenken

1 c Mögliche Lösungen:
Sollte man Geldgeschenke oder Sachgeschenke machen?
Was bereitet mehr Freude: Geld- oder Sachgeschenke?

1 d
In Text A wird die Behauptung aufgestellt, dass Geldgeschenke besser sind als Sachgeschenke.
In Text B wird die Behauptung aufgestellt, dass Sachgeschenke besser sind als Geldgeschenke.

Seite 5/6

1 e und f Mögliche Lösung:

Standpunkt Text A	Standpunkt Text B
Argument 1 Begründung: Man kann selbst entscheiden, was man sich kauft. Beispiel: Kauf eines Smartphones, Fahrrades oder Mopeds	Argument 1 Begründung: Man überlegt genau, womit man eine besondere Freude bereiten kann. Beispiel: Man denkt über Hobbys, Gewohnheiten oder gemeinsame Unternehmungen nach.
Argument 2 Begründung: Man vermeidet, dass die oder der Beschenkte enttäuscht über das Sachgeschenk ist. Beispiel: Bekleidungsstück passt nicht zum Style der/des Beschenkten	Argument 2 Begründung: Ein individuelles Geschenk signalisiert der beschenkten Person, dass sie der/dem Schenkenden wichtig ist. Beispiel: Ein persönliches Geschenk wird mehr wertgeschätzt.
Argument 3 Begründung: Wenn man die oder den Beschenkten nicht so genau kennt, kann man mit einem Geldgeschenk nichts falsch machen. Beispiel: Die oder der Beschenkte kann sich etwas nach individuellem Interesse kaufen.	Argument 3 Begründung: Mit einem Geldgeschenk macht es sich die oder der Schenkende recht leicht. Beispiel: Sie/Er denkt nicht genauer über die zu beschenkende Person nach.
Argument 4 Begründung: Man kann die erhaltenen Geldgeschenke ansparen. Beispiel: Man kann davon eine Reise oder eine größere Anschaffung finanzieren.	Argument 4 Begründung: Mit Sachgeschenken kann man die oder den Beschenkten viel mehr überraschen. Beispiel: Wenn man etwas schenkt, wovon man weiß, dass es ein Herzenswunsch ist.

Seite 6

1 g Mögliche Lösung:
Ich bin der Meinung / Ich vertrete den Standpunkt, dass Geldgeschenke besser als Sachgeschenke sind.
Oder:
Ich bin der Meinung / Ich vertrete den Standpunkt, dass Sachgeschenke besser als Geldgeschenke sind.

1 h Der Text stützt den Standpunkt, dass Geldgeschenke geeignet bzw. in Ordnung sind.
Mögliche Lösung:

Standpunkt Text A	Standpunkt Text B
Argument 5 Begründung: Ältere Kinder und Jugendliche können mehr mit Geldgeschenken anfangen. Sie möchten über ihr Geld frei verfügen. Beispiel: Oft entsprechen Geschenke nicht ihren Wünschen.	Argument 5 Begründung: Kleinere Kinder können mit Geldgeschenken nicht viel anfangen. Sie sind enttäuscht über Geldgeschenke. Beispiel: Sie haben nichts „in der Hand", sie möchten etwas zum Auspacken.

1 i und j Siehe den Musteraufsatz zu Aufgabe 2 d und e.

Seite 7

2 b
Standpunkt 1: Kinder sollen für ihr Taschengeld im Haushalt mithelfen.
Standpunkt 2: An das Taschengeld sollten keine Bedingungen bzw. Gegenleistungen geknüpft werden.

2 c Mögliche Lösungen:
Standpunkt 1: Kinder sollen für ihr Taschengeld im Haushalt mithelfen.
Argument 1:
Begründung: Wichtigkeit der Mitarbeit im Haushalt erkennen
Beispiel: Entlastung / mehr Zeit füreinander
Argument 2:
Begründung: lernen, dass Geld verdient werden muss
Beispiel: dem Alter angemessene Arbeiten übernehmen
Argument 3:
Begründung: zukunftsorientiert, Prinzip: Geld für Leistung
Beispiel: später im Beruf
Argument 4:
Begründung: Eltern haben vielleicht wegen der Arbeit nicht so viel Zeit für Haushalt
Beispiel: so kann der Haushalt gemeinsam bewältigt werden
Standpunkt 2: An das Taschengeld sollten keine Bedingungen bzw. Gegenleistungen geknüpft werden.
Argument 1:
Begründung: Taschengeld ist fester, planbarer Betrag
Beispiel: monatliche Ausgaben
Argument 2:
Begründung: Teamarbeit in der Familie / Verantwortung übernehmen
Beispiel: Wertschätzung untereinander / sich nützlich machen

Argument 3:
Begründung: Hilfe im Haushalt sollte selbstverständlich sein
Beispiel: festgelegter Aufgabenbereich im Haushalt
Argument 4:
Begründung: sich nützlich machen ist Herzenssache
Beispiel: gemeinsame Unternehmungen, z. B. Schwimmhalle
Argument 5:
Begründung: freiwillige Hilfe besser als unter Gelddruck
Beispiel: gegenseitige Unterstützung

2 **d und e** Mögliche Lösungen:
Standpunkt 1: Kinder sollen für ihr Taschengeld im Haushalt mithelfen.
Einleitung:
Über das Thema Taschengeld wird z. B. im Familienkreis, unter Kindern und Jugendlichen oder in Internetforen diskutiert. Dabei geht es u. a. um die Höhe des Taschengeldes und um dessen Verwendungszweck. Sehr kontrovers wird auch die Frage diskutiert, ob Kinder und Jugendliche für ihr Taschengeld im Haushalt etwas leisten sollten.
Hauptteil:
Meiner Meinung sollten Kinder und Jugendliche für ihr Taschengeld im Haushalt mithelfen.
Die Eltern müssen das Geld erst einmal verdienen, bevor sie ihrem Nachwuchs Taschengeld geben können. Dafür müssen sie täglich hart arbeiten. Deshalb ist es richtig, sich das Taschengeld ebenfalls zu verdienen. Außerdem erkennen die Kinder, dass ihre Mithilfe im Haushalt wichtig ist und finanziell anerkannt wird. So entlasten sie ihre Eltern bei der Hausarbeit und es bleibt mehr Zeit füreinander, z. B. für einen gemeinsamen Spieleabend.
Für das Koppeln des Taschengeldes an die Mithilfe im Haushalt spricht auch, dass die Kinder und Jugendlichen lernen müssen, dass Geld erst einmal verdient werden muss, bevor man es ausgeben kann. So sollten sie ihrem Alter entsprechend angemessene Aufgaben übernehmen, beispielsweise Hilfe bei der Pflege des Haustieres oder Haushaltsarbeiten wie Müll entsorgen.
Besonders wichtig ist meiner Meinung, dass Kinder und Jugendliche bereits im häuslichen Umfeld lernen, Geld verdienen bedeutet stets, Leistungen zu erbringen, das gilt z. B. auch für das spätere Berufsleben.
Schluss:
Kinder und Jugendliche sollten auf jeden Fall für das Taschengeld, das ihnen die Eltern zahlen, im Haushalt mithelfen. Die gegenseitige Wertschätzung der Arbeiten ist u. a. auch Grundlage für einen guten Zusammenhalt in der Familie.
Standpunkt 2: An das Taschengeld sollten keine Bedingungen bzw. Gegenleistungen geknüpft werden.
Einleitung:
Über das Thema Taschengeld wird z. B. im Familienkreis, unter Kindern und Jugendlichen oder in Internetforen diskutiert. Dabei geht es u. a. um die Höhe des Taschengeldes und um dessen Verwendungszweck. Sehr kontrovers wird auch die Frage diskutiert, ob Kinder und Jugendliche für ihr Taschengeld im Haushalt etwas leisten sollten.
Hauptteil:
Meiner Meinung nach sollten Eltern für das Taschengeld keine Gegenleistungen fordern.
Die Mithilfe im Haushalt sollte für Kinder und Jugendliche selbstverständlich sein, denn das kommt der ganzen Familie zugute. Zum Beispiel ist es sinnvoll, wenn jeder einen festgelegten Aufgabenbereich übernimmt, dann kann keiner seine Arbeit auf andere schieben.
Freiwillige Hilfe macht doch mehr Spaß, als wenn man wegen des Taschengeldes unter Druck arbeitet. Beispielsweise übernehmen Geschwister auch einmal gegenseitig Aufgaben, wenn die anderen keine Zeit dafür haben. Teamarbeit ist im Haushalt Voraussetzung für ein gutes Familienklima. Dazu gehört auch, Verantwortung zu übernehmen. Ebenso wichtig ist eine

gegenseitige Wertschätzung hinsichtlich der ausgeführten Arbeiten. So sind lobende Worte oder ein Dankeschön sehr wichtig.
Das Taschengeld sollte ein fester Betrag sein, unabhängig von Gegenleistungen. So sind die monatlichen Ausgaben gut planbar, z. B. für Schulmaterialien, Friseur oder Kinobesuch.
Sich im Haushalt für die Familie nützlich zu machen und die Eltern zu unterstützen, sollte eine Herzenssache und nicht vom Taschengeld abhängig sein. So ist eine Belohnung in Form gemeinsamer Unternehmungen, beispielsweise ein Besuch in der Schwimmhalle oder ein gemeinsamer Ausflug sicher für alle Beteiligten etwas Besonderes.
Schluss:
Die aufgeführten Argumente belegen meinen Standpunkt, dass Eltern von ihren Kindern keine Gegenleistungen für das Taschengeld verlangen sollten. Das könnte zu familiären Auseinandersetzungen führen. Wer gelernt hat, sich freiwillig im Haushalt nützlich zu machen und Verantwortung zu übernehmen, hat eine wichtige Fähigkeit für sein zukünftiges Leben erworben.

Seite 8

1 **b** Mögliche Lösungen:
Wird ein FSJ / FÖJ später bei der Berufsausbildung anerkannt? Bekommt man für ein FSJ / FÖJ Geld? Benötigt man unter 18 Jahren eine Zustimmung der Eltern? Kann man verschiedene Einsatzmöglichkeiten ausprobieren bzw. wechseln? Wie viele Stunden beträgt die tägliche Arbeitszeit?

Seite 9

2 **b** Mögliche Lösungen:
Sollte man vor der Ausbildung ein FSJ oder FÖJ absolvieren? / Was spricht für, was spricht gegen ein FSJ oder FÖJ?

2 **c** Mögliche Lösungen:

Pro- Argument (für Ausbildung statt FSJ/FÖJ)	**Kontra- Argument (gegen Ausbildung statt FSJ/FÖJ)**
Pro- Argument 1: (2) Begründung: Berufsabschluss eher/schneller erreichbar Beispiel: nach Beendigung der Berufsausbildung Geld verdienen/sich weiter qualifizieren	Kontra- Argument 1: (8) Begründung: Berufsfelder erkunden/ Erfahrungen sammeln Beispiel: leichtere Entscheidung bei Berufswahl
Pro- Argument 2: (3) Begründung: mehr Geld während der Ausbildung Beispiel: ca. 600 statt etwa 400 Euro	Kontra- Argument 2: (9) Begründung: Erwerb von Fähigkeiten und Fertigkeiten Beispiel: Erhöhung der beruflichen Qualifikation

Seite 10

2 **d** Mögliche Lösungen:
Standpunkt 1: Ich bin der Meinung, dass man sofort mit der Ausbildung beginnen sollte.
oder

Standpunkt 2: Ich vertrete den Standpunkt, dass man ein FSJ oder FÖJ nach dem Schulabschluss absolvieren sollte.

2 **e** Mögliche Lösungen:

Pro- Argument (für Ausbildung statt FSJ/ FÖJ)	**Kontra-Argument (gegen Ausbildung statt FSJ/ FÖJ)**
Pro-Argument 1: (4) Begründung: intensive Ausbildung Beispiel: ausgewogene Verbindung von Theorie und Praxis	Kontra-Argument 1: (5) Begründung: Auszeit nehmen / kein intensives Lernen /stattdessen praktische Erfahrungen Beispiel: in sozialen Einrichtungen
Pro-Argument 2: (1) Begründung: bei klarer Berufsvorstellung sofort mit Ausbildung beginnen Beispiel: Erfahrungen aus Praktikum nutzen	Kontra-Argument 2: (7) Begründung: soziales Engagement, etwas für die Gesellschaft tun Beispiel: andere unterstützen
Pro-Argument 3: Begründung: fehlende Motivation in der Ausbildung aufgrund der Unterbrechung durch FSJ/FÖJ Beispiel: eingespielte Lernprozesse / Lernstrategien neu erwerben	Kontra-Argument 3: (7) Begründung: Verantwortung übernehmen Beispiel: Pflege von Kranken
Pro-Argument 4: Begründung: unangenehme Erfahrungen im FSJ / FÖJ Beispiel: bei Bewältigung der Aufgaben	Kontra-Argument 4: (6) Begründung: verschiedene Einsatzmöglichkeiten Beispiel: Auswahl nach eigenen Interessen / soziale und kulturelle Einrichtungen, Naturschutz

3 **a** Mögliche Lösung:
Einleitung:
Auch dieses Jahr stellt sich für die Schülerinnen und Schüler, die die Schule beenden, wieder die Frage, wie es nach dem Schulabschluss weitergehen soll. Viele beginnen nach der Schule gleich eine Ausbildung oder ein Studium. Andere schließen im Anschluss an die Schule zunächst ein FSJ oder FÖJ an.
Zur Klärung der Frage, welche der beiden Möglichkeiten man wählt, ist es erforderlich, das Für und Wider genauer zu betrachten.

Seite 11

1 **a** In diesem Text geht es um nachhaltig produzierte Kleidung, um die negativen Aspekte der Textilherstellung und um die Handlungsmöglichkeiten der Käuferschaft.

Seite 13

1 **b** Die Textbausteine sind der Text mit den fünf Abschnitten, die dazugehörenden drei Infoboxen und ein Foto.

1 **c** Es handelt sich hier um einen diskontinuierlichen Text, weil es Hintergrund- und Zusatzinformationen zum „Basistext“ gibt: drei Infokästen und ein Foto.

2 **a** Die Themen der einzelnen Textabschnitte sind:
1 Nachhaltige Kleidung ist schwer zu erkennen; **2** Altkleidersammler stehen vor großen Problemen; **3** Warum die meisten Altkleider verbrannt werden; **4** Was wir als Verbraucher tun können

2 **b** Worum es in den drei Infoboxen geht:
1 Infobox: Definition von nachhaltiger Mode; **2** Infobox: Link zu Labeln und Siegeln für nachhaltige Kleidung; **3** Infobox: Mehr Infos zum Thema auf der Homepage des Naturschutzbundes

Seite 14

2 **c** Klaus Lindner arbeitet für den Verband der Bayerischen Textil- und Bekleidungsindustrie (VTB). (Zeilen 23–24)
Sabrina Ludmann ist wissenschaftliche Mitarbeiterin vom Institut für Energie- und Umweltforschung in Heidelberg (IFEU). (Zeilen 36–38)

2 **d** Lindner sagt, dass es nicht einfach ist, nachhaltig erzeugte Kleidung zu erkennen, da ein Kleidungsstück oft viele Stationen in verschiedenen Ländern durchläuft.
Ludmann sagt, dass die Textilien qualitativ hochwertiger produziert werden sollten und die Mode nicht so oft wechseln darf, damit die Entsorger nicht mit minderwertigen Alttextilien überschwemmt werden.

3 Mögliche Lösung:
Wir Verbraucher sollen unsere Kleidungsstücke länger tragen und beim Kauf darauf achten, dass sie nachhaltig hergestellt wurden. Kauft weniger billige Klamotten!

4 Der Text will auch informieren, aber hauptsächlich appellieren. Das zeigt sich vor allem im letzten Abschnitt: „Diese Langlebigkeit lässt sich aber nur erreichen, indem wir Verbraucher wieder verstärkt auf hochwertige und auch ethisch einwandfrei produzierte Kleidungsstücke von Unternehmen achten, …" (Zeilen 62–64). Das Anliegen des Autors zeigt sich schon in der Einleitung: „Wir haben zu viele Klamotten! Jedenfalls die meisten von uns." (Zeilen 1–3)

5 **a** Mögliche Lösung:
Es geht um ständig neue Trends und Kollektionen in der Modeindustrie (Fast Fashion).

Seite 16

5 **b** Mögliche Lösungen:
Textbaustein 1: Was ist Fast Fashion?
Diese Begriffe oder Satzteile könntest du unterstrichen haben:

1 Abschnitt: Mode – Ausdruck von Individualität
2 Abschnitt: neue Trends und Kollektionen – in immer kürzeren Abständen – Anzeichen einer exzessiven, nicht-nachhaltigen Entwicklung
3 Abschnitt: Fast Fashion hat einen Preis – das Wissen – gering -Chemikalien – unmenschliche Bedingungen
4 Abschnitt: Verwendung von chemischen Fasern – beim Waschen – Freisetzung von Mikroplastik

Dies sind die Teilthemen, die aussagen wollen:
Mode ist und war Ausdruck der Persönlichkeit und Spiegel der Zeit. / Neu ist, dass immer häufiger neue Moden auf den Markt kommen. / Diese Fast Fashion ist nicht nachhaltig. / Die Produktion hat negative Auswirkungen auf die Natur. / Auch die Arbeitsbedingungen in den Herstellerländern sind oft fragwürdig. / Die Verwendung von billigen chemischen Fasern belastet

die Umwelt, da zum einen Mikropartikel freigesetzt werden und zum anderen ein Recycling kaum möglich ist.

Textbaustein 2: Wie kann ich Fast Fashion vermeiden?

Hier finden die Lesenden praktische Tipps des Umweltbundesamtes in Hinblick auf Qualität und Nutzung von Kleidung.

Textbaustein 3: Siegel für Faire Kleidung

Anhand von drei ausgewählten Siegeln wird über die Bedingungen informiert, die bei der Produktion eines Kleidungsstückes erfüllt sein müssen, damit die Hersteller das Siegel verwenden dürfen.

In Textbaustein 1 geht es darum, was Fast Fashion bedeutet und welche Probleme sie mit sich bringt. Es handelt sich um einen informierenden Text.

Der Textbaustein 2 zeigt Möglichkeiten auf, Fast Fashion zu vermeiden. Die Unterpunkte sind im Imperativ formuliert und wirken daher appellierend.

Textbaustein 3 gibt eine weitere Information dazu, wie ich Fast Fashion vermeiden oder nachhaltige Mode bevorzugen kann: indem ich beim Kauf auf Siegel für Faire Kleidung achte und sie beim Kauf berücksichtige.

Aussage des Gesamttextes:

Der Text beschäftigt sich mit dem Thema „Fast Fashion“. Er nennt Ursachen des Problems und zeigt konkrete Handlungsmöglichkeiten für die Verbraucher auf.

Seite 17

1 **a** Mögliche Lösung:

Beide Texte handeln von der Herstellung von Textilien und möglichen Problemen, die damit zusammenhängen.

1 **b bis d** Mögliche Lösungen:

Überschrift: „Mode und Nachhaltigkeit“

Textabschnitte	Text 1	Text 2
Einleitung:	oft zu viele Kleidung, aber die meisten finden Nachhaltigkeit wichtig	Mode schon immer Ausdruck von Stil und Individualität
1. Abschnitt	Nachhaltig produzierte Kleidung schwer zu erkennen	Immer mehr Produktion - aber ohne Nachhaltigkeit
2. Abschnitt	Zu viele Kollektionen und zu schlechte Qualität	Ökologische und soziale Problematik bei der Produktion
3. Abschnitt	Viele Altkleider werden verbrannt	Schädliche chemische Fasern
4. Abschnitt	Nachhaltigkeit durch langes Tragen der Kleidung	Recycling teilweise unmöglich

1 **e** Abschnitt 2-Abschnitt 1

Abschnitt 3-Abschnitt 4

1 **f** Inhalte, die sich unterscheiden oder nur in einem der Texte vorkommen:

Text 1: Wir kaufen zu viele Kleider / Nachhaltig produzierte Kleidung schwer zu erkennen / Nachhaltigkeit durch langes Tragen der Kleidung

Text 2: Mode schon immer Ausdruck von Stil und Individualität / Schädliche chemische Fasern

2 **a** Mögliche Lösung:
Die Texte haben informierenden und appellierenden Charakter. Es werden Informationen über die Ursachen der Probleme gegeben und es wird auf weitere Informationsquellen verwiesen. Außerdem werden konkrete Handlungsmöglichkeiten aufgelistet, die es erleichtern sollen, etwas zu machen.

2 **b** Mögliche Lösung:
Text 1 ist leichter zu lesen, da er einem Podcast entstammt und durch die Einschübe der Expertin und des Experten kurzweiliger ist. Text 2 ist etwas anstrengender: der Text des Ministeriums, die Handlungsanweisungen und die Informationen über die Siegel sind eher trocken und sachlich.

Seite 18

1 **a** Mögliche Lösungen:
Aufbau / Textbestandteile
3 Textbausteine:
Textbaustein 1: Was ist Fast Fashion? Textbaustein 2: Wie kann ich Fast Fashion vermeiden?
Textbaustein 3: Siegel für Faire Kleidung
Inhalt / Kernaussage
Textbaustein 1: Mode ist Ausdruck von Individualität / neue Trends und Kollektionen in immer kürzeren Abständen sind Anzeichen einer exzessiven, nicht-nachhaltigen Entwicklung / Fast Fashion hat einen Preis: wenig Wissen über ökologische und soziale Bedingungen / Recycling-Problem
Textbaustein 2: praktische Tipps des Umweltbundesamtes (Qualität und Nutzung von Kleidung)
Textbaustein 3: Information über drei ausgewählte Siegel (Bedingungen, die bei der Produktion erfüllt sein müssen)
Kernaussage: wir sollten uns über die Herstellungsbedingungen von Textilien informieren, Fast Fashion vermeiden
Funktion des Textes (informieren, appellieren, werten)
Informieren, appellieren
Sprachliche Besonderheiten
- Sachliche Sprache mit Fachbegriffen (z. B. „Textilsektor" Z. 20, „Insektizidmarkt" Z. 28)
- Fakten/Statistik (z. B. Z. 13–15; Z. 17–20)
- Aufforderungssätze/Imperative (Textbaustein 2)
- Metapher (z. B. „Fast Fashion hat einen Preis", Z. 21)

Bewertung und eigene Meinung
Individuelle Lösung

1 **b bis d** Mögliche Lösung:
Textbeschreibung „Fast Fashion"
(Einleitung:)
In diesem Text zum Thema Bekleidung und Mode finden sich Informationen des Ministeriums für Umwelt- und Naturschutz, Verbrauchertipps des Umweltbundesamtes und Hinweise zu Siegeln für Faire Kleidung.
(Hauptteil:)
Mit dem Begriff „Fast Fashion" meint man globale Tendenzen in der Textil- und Modebranche, die immer schneller neue Trends und Kollektionen kreiert. Damit will man die Konsumenten dazu verführen, ständig Neues zu kaufen. Damit sie es sich leisten können, wird mit schlechter Qualität produziert und billig verkauft. Dabei weiß man aus Umfragen, dass jedes fünfte Kleidungsstück nie getragen wird. – Viele Käuferinnen und Käufer wissen nicht, dass der Anbau von Baumwolle sehr viel Wasser erfordert und reichlich Insektizide und Pestizide eingesetzt

werden. Das Färben erfordert viel Chemie und die Herstellenden arbeiten oft unter gesundheitsgefährdenden und unmenschlichen Bedingungen. Bei der Verwendung von chemischen Fasern wird zudem Mikroplastik in die Gewässer freigesetzt. – Die qualitativ minderwertigen, billigen Textilien können meist nicht recycelt werden und landen in der Müllverbrennung. Deshalb werden die Verbraucher aufgefordert, Fast Fashion zu vermeiden. Dazu gibt es Tipps wie diese: Beim Kauf auf Siegel achten, Kleider tauschen oder Second Hand kaufen, Kleidung möglichst lange tragen. Obwohl es sich hier um sachliche Informationen handelt, wirken die Tipps des Umweltbundesamtes appellierend.
(Schluss:)
Tatsächlich können diese Informationen nachdenklich stimmen und mich als Käuferin veranlassen, in Zukunft beim Kauf von Textilien die Nachhaltigkeit zu berücksichtigen.

Seite 20

1 **b** Mögliche Lösungen:
Es könnte sich um einen „Schatz" handeln, weil die Quelle des Textes „Das Schatzkästlein des rheinischen Hausfreundes" ist.
Es könnte sich um einen Schatz handeln, weil ein guter und ehrlicher Mann eine große Summe Geld findet, die er nach dem Urteil des Richters behalten darf.

2 **a** Mögliche Lösungen:
In der Geschichte geht es um *zwei Männer*, die sich ohne die Hilfe eines *Richters* nicht einigen können.
Ein reicher Mann *hat eine beträchtliche Geldsumme* verloren.
Er *bietet nun dem Finder eine* Belohnung.
Ein ehrlicher Mann *bringt das verlorene Geld* zurück.
Der Reiche aber *will den ehrlichen Finder um seine Belohnung bringen*.
Er behauptet, *dass bei der Geldsumme 100 Taler* fehlen würden.
Der Finder versichert, *nichts von dem Geld genommen zu haben*.
Sie fragen *einen Richter* um Rat.
Dieser erkennt *die Ehrlichkeit* des einen und die *schlechte Gesinnung* des anderen.
Er meint, dass die gefundene Geldsumme nicht *die verlorene sein könne*, da der Reiche ja *800 Taler verloren habe*.
Also darf der Finder *die 700 Taler behalten*, bis sich derjenige meldet, der *diese Summe verloren hat*.

2 **b** Die Geschichte hat sich „im Morgenlande" abgespielt. (Zeilen 2–3)

2 **c** Mögliche Lösung:
Als „Morgenland" oder „Orient" bezeichneten/bezeichnen die in Europa Lebenden Länder östlich von Europa. Gemeint sind hauptsächlich die Länder des Nahen Ostens wie Syrien, Libanon oder der Irak. Die Geschichte könnte zwar in jedem Land spielen, aber das „Morgenland" verleiht der Handlung etwas Märchenhaftes. Das nimmt der moralischen Aussage die Strenge.

2 **d** Mögliche Lösung:
Der Text spielt nicht in unserer Zeit, denn:
1 Die Währung „Taler" existiert schon lange nicht mehr.
2 Niemand näht heutzutage sein Geld in ein Tuch ein.
3 Privatpersonen können nicht direkt einen Richter zu Rate ziehen.

2 **e** Mögliche Lösungen:
Der Reiche ist unehrlich, geizig, verschlagen, gewissenlos. Er weiß genau, dass der Finder ihm alles zurückgebracht hat, und will ihn wissentlich um seinen vollen Finderlohn betrügen.

Der Finder ist ehrlich, aufrichtig, stolz auf seine Rechtschaffenheit. Er gibt das gefundene Geld vollständig zurück und fühlt sich in seiner Ehre gekränkt, als der Reiche ihn verdächtigt, etwas von dem Geld genommen zu haben.
Der Richter ist klug und erfahren. Er hat so viel Menschenkenntnis, dass er durchschaut, dass der Reiche ihm die Unwahrheit sagt. Den Finder erkennt er schnell als den Ehrlichen. Er lässt sich vom Reichtum des bösen Mannes nicht beeindrucken.

Seite 22

3 **a** Die Geschichte wird *von einer Sie-Erzählerin oder einem Er-Erzähler* erzählt.

3 **b** Mögliche Lösung:
Durch diese Erzählperspektive erhalten die Lesenden alle Informationen, um die Geschichte verstehen und analysieren zu können.

4 **a** Mögliche Lösung:
Die Geschichte dauert etwa eine Woche, denn in Zeile 13 heißt es: „Da kam bald ein guter und ehrlicher Mann dahergegangen." Der ehrliche Finder ist so aufgebracht über den Vorwurf, Geld genommen zu haben, dass er sicher schnellstmöglich zum Richter gelaufen ist.

4 **b** In der Rückblende erfährt man, dass der Reiche eine große Summe Geld verloren hat (Zeilen 7–11). Eine Vorausdeutung im eigentlichen Sinn gibt es nicht. Die Lesenden können sich jedoch denken, dass sich der Reiche sehr ärgern wird und der ehrliche Finder sich mit den 700 Talern, die der Richter ihm zugesprochen hat, ein schönes Leben machen wird.

4 **c** Mögliche Lösung:
Die erzählte Geschichte dauert vermutlich ungefähr eine Woche: Der Verlust des Geldes, das Finden des Geldes, das Gespräch zwischen dem Reichen und dem Finder könnte sich innerhalb weniger Tage abspielen. Der Gang vor den Richter und dessen Rechtsprechung wird vermutlich unmittelbar stattfinden.
Johann Peter Hebel verwendet die Methode der Zeitraffung; die Vorgeschichte mit dem Verlust des Geldes findet in wenigen Sätzen statt (Zeilen 7–11). Auch das Ende des Streits und der Gang zum Richter wird in einem einzigen Satz erzählt: Am Ende kamen sie vor den Richter (Zeile 28). Am ausführlichsten werden die Gespräche geschildert, zunächst das zwischen dem Reichen und dem Finder und dann das, was bei der „Gerichtsverhandlung" gesagt wird, teils wird es indirekt wiedergegeben, teils in wörtlicher Rede ausgedrückt (der Richterspruch: Zeilen 35–41).

Seite 23

5 **a** Sprachliche Mittel:
Zeilen 8–9: eine „beträchtliche" Geldsumme (Synonym für sehr groß)
Zeile 19: Er dachte „geschwinde" nach (Synonym für schnell)
Zeile 25: „Unrecht schlägt seinen eigenen Herrn" (Personifizierung)
Zeile 31: „Da war guter Rat teuer" (Metapher, Redensart)

5 **b** Mögliche Lösung:
Die Synonyme „beträchtlich" und „geschwinde" lassen das Erzählte altertümlich und märchenhaft klingen. Die Personifizierung und die Redensart deuten darauf hin, dass diese Geschichte eine moralische Aussage hat und die Lesenden belehren soll.

6 **b** Der Satz „Ehrlich währt am längsten, und Unrecht schlägt seinen eigenen Herrn" in den Zeilen 24–25 gibt die Lehre der Kalendergeschichte am besten wieder.

6 **c** Mögliche Lösung:
Die Geschichte kann unterhaltsam wirken, weil sich die Lesenden mit dem ehrlichen Finder identifizieren können und weil die Geschichte nach dem überraschenden Richterspruch für den Aufrichtigen gut ausgeht.

Seite 25

1 **a** Mögliche Lösungen:
Zeilen 15–16: „So sprach er mit dem heitern Blick ... Gewissens, ..." / Deutung: Es wird klar, dass der Finder ein aufrichtiger Mann ist. / Begründung: Man sieht ihm an, dass er sich freut, dem anderen helfen zu können.
Zeile 16: „... und das war schön." / Deutung: Schön, dass es aufrichtige Menschen gibt. / Begründung: Die Geschichte soll aussagen, dass sich Ehrlichkeit auszahlt. Hier nimmt der Autor schon eine Wertung vorweg.
Zeilen 16–20: „Der andere machte auch ein fröhliches Gesicht, ...könnte." / Deutung: Hier zeigt sich schon die Verschlagenheit des reichen Mannes. / Begründung: Er sollte dankbar sein für die Ehrlichkeit des anderen, stattdessen will er ihn um die Belohnung bringen und bricht damit auch sein Wort.
Zeilen 24–25: „Ehrlich währt am längsten ... Herrn." / Deutung: Damit wird auf die Fortsetzung der Geschichte hingewiesen. / Begründung: Die Lesenden können sich denken, dass es einen Wendepunkt gibt und der Reiche mit seinem versuchten Betrug keinen Erfolg haben wird.
Zeilen 25–28: „Der ehrliche Finder, ... habe." / Deutung: Dem Finder geht es nicht um die Belohnung, er fühlt sich beleidigt, weil der Reiche ihm unterstellt, dass er vom Geld genommen habe. / Begründung: Hier wird zum zweiten Mal deutlich gemacht, wer der Gute und wer der Böse in dieser Geschichte ist.
Zeilen 31-35: „Aber der kluge Richter, ... Ausspruch: ..." / Deutung: Der Richter gibt dem Reichen eine letzte Chance, die Wahrheit zu sagen. / Begründung: Der Richter lässt beide versichern, dass sie die Wahrheit sagen; und die Tatsache, dass der Reiche auch ihn anlügt, führt zu dem Urteil, dass der Finder das Geld behalten darf.

1 **b** Mögliche Lösung:
Deutungshypothese: Johann Peter Hebel wollte mit dieser Erzählung nicht nur unterhalten, sondern auch vermitteln, dass Ehrlichkeit eine Tugend ist und sich am Ende auszahlt; nicht zuletzt durch ein reines Gewissen.

Seite 27

1 **b** Mögliche Lösungen:
Sie reißen zusammen aus. / Sie schwimmen zur Insel und verstecken sich dort. / Sie treffen sich regelmäßig und verbringen viel gemeinsame Zeit auf der Insel.

1 **c** Mögliche Lösungen:
Die Erzählung spielt an der Uferböschung eines Sees. Dort sitzen ein Junge und ein Mädchen namens Britta. Sie sprechen darüber, dass sie am liebsten ausreißen würden, weil sie ihren Alltag satthaben.

1 **d** Mögliche Lösungen:
gestarrt (Z. 5), getummelt (Z. 7), verwurzelten (Z. 10), ausreißen (Z. 14)
empfindlich kühl (Z. 8), mit einer ruckenden Bewegung (Z. 15–16), lächelte bitter (Z. 17–18), schaute unentwegt (Z. 20)
ein Haufen von Geröll und Schutt (Z. 2), das Inselchen (Z. 3), zu seiner Freude (Z. 10)

1 **e** Wörtliche Rede findet sich in den Zeilen 14–15 und in den Zeilen 16–19. Es gibt keine Anführungs- und Schlusszeichen.

1 **f** Die Geschichte wird von einem unbekannten Er-Erzähler oder einer Sie-Erzählerin geschildert.

1 **g** Zeilen 2–13: Rückblende; Zeilen 19–20: Vorausdeutung

1 **h** lange Sätze, viele durch Kommas abgetrennte Einschübe

2 **a** Mögliche Lösungen:
Weitere Handlungsschritte + Wie könnte die Geschichte enden?
Die beiden werden ein Paar, sie treffen sich immer wieder am See, sie entgehen dem Alltag durch schöne Stunden auf dem Inselchen Guanahani. Vielleicht helfen sie sich gegenseitig beim Lernen und belohnen sich danach mit Faulenzen auf der Insel. Vielleicht beschaffen sie sich ein Boot, damit sie auch in der kälteren Jahreszeit zur Insel kommen können.
Werden weitere Figuren im Text erscheinen?
Es könnten Personen am Ufer auftauchen, vor denen sich die beiden hinter den vom Jungen gepflanzten Weidenruten verstecken. Der Junge bekommt den Namen „Nils".
Wie handeln, denken und fühlen die Figuren?
Sie sind glücklich, einander gefunden zu haben, denn sie haben dieselben Probleme mit Schule und Elternhaus. Sie treffen sich so oft wie möglich. Sie sind ineinander verliebt. Sie geben sich Kraft und Lebensfreude.
Welche andere Überschrift wäre denkbar?
Das Versteck / Ein Ort zum Träumen / Die Schwertlilien-Insel

Seite 28

2 **b** Mögliche Lösungen:
Handlungsschritte (hier schon ausformuliert):
Beginn: Sie beraten sich, ob sie gemeinsam ausreißen sollen. Dann verwerfen sie den Plan, denn man würde sie ja doch finden und vielleicht bestrafen. Und es würde sich an ihrer Situation nichts ändern.
Handlungsschritt 1: Sie beschließen, das Inselchen zu ihrem geheimen Versteck zu machen, von dem sie niemandem erzählen.
Handlungsschritt 2: Da sie nur im Sommer zur Insel schwimmen können, besorgt der Junge ein Boot, das im Schuppen seines verstorbenen Opas liegt.
Handlungsschritt 3: Sie schaffen Decken, Kissen und eine Plane zur Insel und bringen Vorräte mit, die sie in einer Plastik-Kiste mit Deckel verstauen.
Handlungsschritt 4: Britta ist gut in Mathe, er in Sprachen. Sie verabreden sich zum Lernen. Zur Erholung rudern sie danach zur Insel.
Handlungsschritt 5: Am Ufer tauchen andere Jugendliche auf; sie kennen sie, aber mögen sie nicht. Die Jugendlichen wollen baden, nähern sich der Insel. Dann kommt ein Gewitter auf, die Jugendlichen kehren schnell um, Britta und er legen sich unter ihre Plane, bis das Gewitter vorbei ist.
Schluss: Die Sommerferien haben begonnen; beide haben ihre schulischen Leistungen verbessert. Brittas Eltern laden Nils ein, mit ihnen und Britta in Urlaub zu fahren. Leider nicht nach Guanahani, aber auf Sardinien soll es auch schön sein.

Seite 30

1 **b** Mögliche Lösungen:
Die Grundstimmung ist traurig und bekümmert. / Das Gedicht wirkt auf mich verzweifelt.

1 c Mögliche Lösungen:

Strophe 1: lyrisches Ich vermisst jemanden / sein Mädchen
sehnsuchtsvoll, verzweifelt

Strophe 2: das Mädchen ist weggegangen / hat ihn verlassen
traurig / betrübt / zärtliches Erinnern

Strophe 3: Liebeskummer, hat keine Lebensfreude mehr
verlorene Liebe, Einsamkeit, Trauer

Strophe 4: Bitte / eindringliches Bitten um Rückkehr
Sorge, dass sie nicht zurückkommt

1 d 4 Strophen, Kreuzreim

1 e Mögliche Lösungen:

Strophe	Sprachliche Mittel / Beispiel	Aussage / Wirkung
1	– Fragesätze: „Wo bist du itzt?“ / "Wo singst du itzt?“ (Vers 1) – direktes Ansprechen des Mädchens (Du- Form): „mein unvergesslich Mädchen“ (Vers 1) – Personifikation: „Wo lacht die Flur, … triumphiert das Städtchen …?“ (Vers 3)	Das lyrische Ich ist verzweifelt, weiß nicht, wo sein Mädchen jetzt ist. Es liebt das Mädchen und kann es nicht vergessen.
2	– direktes Ansprechen: „Seit du entfernt …“ (Vers 1) – Zeilensprung (Enjambement) (Verse 6–7) „Und es vereint Der Himmel …“ – bildhafter Ausdruck: „will keine Sonne scheinen“ (Vers 5) – Personifikation: „Der Himmel … dir zärtlich nachzuweinen“ (Vers 7) – Lyrisches Ich nennt sich selbst: „Mit deinem Freund“ (Vers 8)	Verdeutlicht wird die Sehnsucht nach der Geliebten, die Verzweiflung und Trauer wegen ihres Weggehens.
3	– Personifikation: „All unsere Lust … fortgezogen …“ (Vers 9) – bildhafter Ausdruck / Metapher: „Still überall Ist Stadt und Feld.“ (Vers 10–11) – Zeilensprung (Enjambement) (V. 10–11): „Still überall Ist Stadt und Feld.“ – bildhafter Ausdruck / Metapher (symbolhaft): „Dir nach ist sie geflogen, Die Nachtigall“ (V. 11–12)	Das lyrische Ich kann keine Freude mehr empfinden, alles wirkt leblos/ geräuschlos, weil die Liebste fortgegangen ist. (Nachtigall als Symbol der Liebe)

4	– Aufforderungssätze / Ausrufesätze: „Oh komm zurück!" (Vers 13) – Wiederholung der Aufforderung: „Komm bald zurück!" (Vers 15) – Wörter mit Symbolgehalt / Metapher: „Im Monat Mai" / "Schon rufen Hirt und Heerden ..." – Zeilensprung (Enjambement) (Verse 13–14): „... Schon rufen Hirt und Heerden Dich bang herbei." – Antithese /Gegensatz: Winter – Mai (Verse 15 und 16)	sehnsuchtsvolles Herbeiwünschen des geliebten Mädchens; Frühling und Mai als Symbol für die Hoffnung auf die Erneuerung der Liebe Wenn die Geliebte nicht zurückkommt, ihre Liebe erkaltet ist, dann wird das lyrische Ich freudlos erstarren wie in der Winterkälte.

1 **f** Mögliche Lösung:
Das lyrische Ich teilt seinem Mädchen mit, dass es sehr traurig ist und es vermisst. Es spricht das Mädchen immer wieder direkt an. Es weiß nicht, wo sich sein Mädchen aufhält. Das lyrische Ich fühlt sich einsam, freudlos, alles scheint erstarrt. Sehnsuchtsvoll fordert es sein Mädchen auf, zu ihm zurückzukommen, erst dann kann das lyrische Ich wieder glücklich sein.

1 **h** Mögliche Lösung:
Das Gedicht ist ein typisches Beispiel für die Epoche des Sturm und Drang. Die Gefühle – die Sehnsucht nach Liebe und die Traurigkeit des Verlassenen – werden anschaulich dargestellt. Wahrscheinlich hat der Dichter aus seinen persönlichen Erlebnissen heraus seine Gefühle zum Ausdruck gebracht. Damit gehört das Gedicht zur Erlebnislyrik.

Seite 31

2 **b** Mögliche Lösung:
Lieder über Liebe, Menschlichkeit / nicht über Kriegshelden singen – aus welchem Grund? / Vergleich Leier mit Trommel / Entstehungszeit des Gedichtes? / Warum Dialog mit Leier?

2 **c** Mögliche Lösung:
wahrscheinlich ein Mann, altes Gedicht / hat Krieg erlebt, kennt sich damit aus / empfindet Krieg als unmenschlich, denn er stellt Kriegshelden und Menschlichkeit als Gegensatz dar

2 **d** Mögliche Lösung:

das lyrische Ich	die Leier
– will die Kriegshelden besingen – bittet Leier, ihm dabei zu dienen	– will nicht – schmollt, lehnt ab: sie sei keine Trommel und liebe weder Hass noch, dass man um der Ehre willen sein Leben opfert
– gibt der Leier recht und will nur noch über Liebe und Menschlichkeit singen	– bekräftigt: Kriegshelden darf man nicht besingen, das spornt sie nur zu weiteren Kriegstaten an

Seite 32

2 **e** Das Gedicht besteht aus 5 Strophen mit je 4 Verszeilen. / Reimschema: 1. Strophe Kreuzreim; in den Strophen 2–5 reimen sich jeweils die zweite und die vierte Verszeile.

2 f

Strophe	Sprachliche Mittel / Beispiel	Aussage / Wirkung
1	Ausrufesatz: „Die Leier wollte nicht!" (Vers 4)	verdeutlicht die Ablehnung der Leier, die Kriegshelden zu besingen
2	Wiederholung: „Trommel" (Vers 7, 8), „dienen" (Verse 5,8) Vergleich: Leier – Trommel (Vers 7) Ausrufesatz: „Die Trommel diene dir!" (Vers 8) Personifikation: „Die Leier schmollte mir …" (Vers 8), auch wörtliche Rede der Leier (Verse 7–8)	Abgrenzung von der im Krieg verwendeten Trommel verstärkt die Ablehnung der Kriegsverherrlichung, die Leier als Gesprächspartner
3	Gegensatz (Antithese): „Wer Haß … liebt…" (Vers 10) sprachliches Bild (Metapher): „Rauch der Ehre" (Vers 12) Zeilensprung (Enjambement): „Und … Freuden für Rauch" (Verse 11, 12) Ausrufesatz: „Freuden für Rauch der Ehre" (Verse 11, 12) wörtliche (direkte) Rede der Leier (Vers 12), wie in Strophe 2	Krieg bedeutet Not und Elend, die Ehre ist vergänglich und wird bedeutungslos, enge Zusammengehörigkeit der Verszeilen verdeutlicht Sinnlosigkeit dieses Heldentums
4	ausdrucksstarke Wörter: „Hast Recht", „liebe Leier" (Vers 13) Zeilensprung (Enjambement): „Von Liebe nur zu singen Und nur …" (Verse 15, 16) Ausrufesatz: „Von Liebe … Und nur von Menschlichkeit!"(Verse 15 /16)	verdeutlicht die Erkenntnis, dass die Leier recht hat enge Zusammengehörigkeit der Verszeilen betont die Wichtigkeit dieser Aussage
5	Kennzeichnung der wörtlichen (direkten) Rede der Leier (Verse 17–20) Zeilensprung (Enjambement): " Man … Thaten Des Kriege" (Verse 19, 20) Ausrufesatz: „Man muss die Kriegshelden nicht singen" … man reizt sie nur zu Thaten Des Krieges mehr zu thun!" (Verse 17–20)	Kriegshelden sollten nicht verherrlicht werden Verherrlichung der Kriegshelden führt zu noch mehr Kriegstaten

2 g Mögliche Lösung:
Die Leier erteilt dem lyrischen Ich sehr nachdrücklich die Lehre, dass die Verherrlichung von Kriegshelden und Kriegstaten dazu führt, dass die „Kriegshelden" zu noch mehr Kriegstaten angeregt werden. Also sollte man dieses Verherrlichen unterlassen.

2 h Mögliche Lösung:
Meiner Meinung nach passt der Titel „Die Leier" nicht zum Gedichtinhalt. Das lyrische Ich und das Thema (Verherrlichung von Kriegstaten und Kriegshelden) stehen im Vordergrund. Die Figur der Leier wird als „Gesprächspartner" im Gedicht eingesetzt.

2 **i** Mögliche Lösung:
Es handelt sich um ein typisches Gedicht der Aufklärung, da es den Umgang mit dem Thema Kriegsverherrlichung thematisiert. Eigenständiges Denken und vernünftiges Handeln werden in dem Gespräch zwischen lyrischem Ich und der Leier deutlich gemacht und der Leser wird indirekt aufgefordert, sich zur Thematik zu positionieren.

2 **j** Mögliche Lösungen:
Johann Wilhelm Ludwig Gleim (Dichter der Aufklärung)
Leben:
- geboren: 2. April 1719 in Ermsleben
- gestorben: 18. Februar 1803 in Halberstadt
- Studium der Rechtswissenschaft
- arbeitete u. a. als Schriftsteller, Hauslehrer, Sekretär

Werke:
- schrieb u. a. Gedichte, Fabeln, Lehrdichtungen, Romanzen
- im Siebenjährigen Krieg Verfasser von „Preußische Kriegslieder"

Quelle: https://de.wikipedia.org/wiki/Johann_Wilhelm_Ludwig_Gleim (letzter Aufruf:7.12.2023)

Seite 33

3 **c** Mögliche Lösung:
Einleitung:
Das Gedicht „Die Leier" hat der Dichter Johann Wilhelm Ludwig Gleim um 1795 verfasst. Thema dieses Gedichtes ist die unterschiedliche Haltung zur Verherrlichung von Kriegshelden.

3 **d** Mögliche Lösungen:
Hauptteil:
In diesem Gedicht führt das lyrische Ich ein Gespräch mit einer Leier. Zunächst schildert das lyrische Ich sein Vorhaben, die Kriegshelden zu besingen, das lehnt die Leier unwillig ab.
Dies begründet sie damit, dass sie keine Trommel sei. Ergänzend sagt die Leier, dass diejenigen Kriegshelden besingen mögen, die es lieben, wenn jemand sein Leben für die Vergänglichkeit seiner Ehre opfert. Das lyrische Ich gibt schließlich der Leier recht und schwört, nur noch von Liebe und Menschlichkeit zu singen. Abschließend erklärt die Leier, dass das Verherrlichen der Kriegshelden nur zu neuen Kriegstaten führt.
Der Dichter stellt in Form dieses Zwiegesprächs die unterschiedlichen Meinungen zu der Frage dar, ob es sinnvoll ist, Kriegshelden in Liedern zu verherrlichen. Sein Fazit: Es sei besser, von Liebe und Menschlichkeit zu singen.
In der ersten Strophe gibt das lyrische Ich die Ausgangssituation wieder: Während es selbst für die Kriegshelden ein Lied anstimmen will, lehnt die Leier dies nachdrücklich in Form eines Ausrufesatzes ab.
Der Dialog zwischen dem lyrischen Ich und dem Instrument setzt in der zweiten Strophe ein. Die Leier erklärt in Form der wörtlichen Rede ihre Ablehnung und betont, dass sie keine Trommel sei. Dies macht sie durch die Wiederholung des Wortes „Trommel" und den Vergleich mit diesem Instrument, das beim Militär eine wichtige Rolle spielt, sowie den Ausrufesatz „Ich bin ja keine Trommel, Die Trommel diene dir! …" (Verse 7/8) deutlich. Dadurch, dass der Dichter die Leier personifiziert („Die Leier schmollte mir", Vers 6) und direkt mit dem lyrischen Ich sprechen lässt, macht er sie zum gleichberechtigten, belehrenden Gesprächspartner.
Diese Belehrung wird in der dritten Strophe erneut in Form eines Ausrufe- und gleichzeitig Aufforderungssatzes eindringlich fortgesetzt. Antithetisch werden die Worte „Haß" und „liebt" im zweiten Vers „Wer Haß und Wasser liebt," eingesetzt. Im Zusammenhang mit dem sprachlichen Bild „Rauch der Ehre" in Vers 12 und dem Zeilensprung vom elften zum zwölften

Vers erklärt die Leier mit Nachdruck ihre Meinung. „Rauch der Ehre" bedeutet, dass die Ehre vergänglich ist und dass man dafür nicht „seines Lebens Freuden" (Vers 11) opfern sollte.
Durch diese mit Nachdruck vorgebrachte Meinung der Leier ändert das lyrische Ich in der vierten Strophe seine Meinung und es gelobt, künftig nur noch von Liebe und Menschlichkeit singen zu wollen. Mit ausdrucksstarken Worten und dem direkten Ansprechen der Leier „Hast Recht, du liebe Leier" (Vers 13) betont das lyrische Ich die Erkenntnis, dass die Leier recht hat. Seine neue Einstellung wird durch den Zeilensprung von Vers 15 zu Vers 16 und den Ausrufesatz „Von Liebe nur zu singen Und nur von Menschlichkeit!" klar zum Ausdruck gebracht.
In der fünften Strophe kommt erneut die Leier zu Wort. Sie stützt ihre Einstellung durch ein weiteres Argument: Kriegshelden sollten nicht verherrlicht werden, denn dies führt zu noch mehr Kriegstaten. Die Strophe endet wie die vorherigen mit einem Ausrufesatz, um dem Gesagten Nachdruck zu verleihen. Ebenso nachdrücklich wirken Worte wie „Kriegshelden" (Vers 17), „Thaten Des Krieges" (Verse 19/20) sowie das Verb „reizt" (Vers 19).
Die Leier erteilt in diesem Gedicht dem lyrischen Ich sehr nachdrücklich die Lehre, dass die Verherrlichung von Kriegshelden und Kriegstaten dazu führt, dass die „Krieger" zu noch mehr Kriegstaten angeregt werden. Also sollte man dieses Verherrlichen unterlassen.
Der Autor hat seine Position in diesem aus fünf Strophen mit je vier Verszeilen bestehenden Gedicht sehr anschaulich dargestellt. Die Strophen sind im Aufbau sehr ähnlich. Jede schließt mit einem Ausrufesatz und enthält bis auf die erste Strophe einen Zeilensprung. Außerdem reimen sich jeweils die zweite und vierte Verszeile. Dadurch wirkt das Gedicht liedhaft, was wiederum zur Absicht des lyrischen Ich, nämlich ein Lied singen zu wollen, passt.
Das Gedicht entstand Ende des 18. Jahrhunderts und ist ein typisches Beispiel für die Lyrik in der Epoche der Aufklärung, da es den Umgang mit dem Thema Kriegsverherrlichung thematisiert.
Die Ergebnisse dieser Gedichtinterpretation bestätigen die eingangs aufgestellte Interpretationshypothese. Eigenständiges Denken und vernünftiges Handeln werden in dem Gespräch zwischen lyrischem Ich und der Leier deutlich gemacht und der Leser wird indirekt aufgefordert, sich zur Thematik zu positionieren.
Der Dichter Johann Wilhelm Ludwig Gleim lebte von 1719 bis 1803. Er schrieb das Gedicht „Die Leier" wenige Jahre vor seinem Tod.

3 **e** Mögliche Lösung:
Das Gedicht ist in einer von Kriegen geprägten Zeit entstanden. Es stellt nicht nur das Verherrlichen von Kriegshelden in Frage, sondern fordert indirekt auch die Leser auf, sich eine Meinung zum Thema zu bilden. Liebe und Menschlichkeit gegen Hass und Krieg zu setzen ist eine Botschaft, die heute genauso wichtig ist wie zu Lebzeiten des Dichters J.W.L. Gleim.

Seite 34

1 **b** Mögliche Lösungen:
mittelalterliche Stadtansicht / Ballszene / zwei Verliebte / heimliche Hochzeit / Kampfszene / Gräber, Friedhof

Seite 37

2 **b** Mögliche Lösungen:
Fragen: Kommen die Liebenden wieder zusammen? / Bestätigt sich Julias schlimme Vorahnung? / Warum stehen Mutter und Amme Julia nicht bei? / Wird der Mönch Julia helfen? / Kommt Romeo auf der Flucht um? / Wird Julia Paris heiraten?

Seite 38

3 **a** Handlungsort: Verona / Handlungszeit: wahrscheinlich 15. Jahrhundert / Handlungsdauer knapp eine Woche / Figuren: Romeo, Julia, Graf Capulet, Gräfin Capulet, Amme (erwähnt werden Graf Paris, Tybalt, Mönch)

3 **b** Mögliche Lösungen:
Handlungsschritte:
- *Romeo hat heimlich bei Julia übernachtet.*
- *Romeo will gehen*, er muss in die Verbannung nach Mantua
- *Julia* will Romeo zurückhalten, sie öffnet dann aber das Fenster für seine Flucht
- *Gräfin Capulet* teilt Julia mit, dass sie schon bald Graf Paris heiraten soll.
- Julia ist mit der Hochzeit nicht einverstanden.
- Graf Capulet ist wütend über Julias Weigerung und droht, sie zu verstoßen.
- Julia bittet ihre Mutter um eine Frist bis zur Hochzeit, um Hilfe.
- Gräfin Capulet verstößt ihre Tochter ebenfalls, will nichts mehr mit ihrer Tochter zu tun haben
- Julia bittet ihre Amme um Rat.
- Die Amme rät ihr, Paris zu heiraten.
- Julia ist empört über den Rat der Amme und hofft, beim Mönch Hilfe zu finden.

3 **c** Mögliche Lösungen:
1 *Julia bittet Romeo, noch zu bleiben.*
2 Sie unterhalten sich darüber, ob die Nachtigall oder die Lerche gesungen hat.
3 Romeo meint, dass der Tag anbricht und dass nur Eile ihn vor dem Tod bewahrt.
4 Julia antwortet, es sei noch nicht Tag, Romeo könne noch bleiben.
5 Julia fordert schließlich Romeo auf zu fliehen, denn es tagt tatsächlich.
6 Romeo verspricht Julia, ihr täglich eine Botschaft zu senden.
7 Julia fragt, ob sie sich wiedersehen werden. Romeo ist zuversichtlich.
8 Beide nehmen schmerzhaft voneinander Abschied.

3 **d** Mögliche Lösungen:
- Romeo und Julia lieben sich, aber aufgrund der Verbannung Romeos wird ihre Liebe auf eine harte Bewährungsprobe gestellt (Zeilen 46–51). Oder: Romeo und Julia lieben sich, aber sie wissen nicht, ob sie sich aufgrund der Verbannung Romeos je wiedersehen werden (Zeile 43).
- Julia soll auf Wunsch ihres Vaters Graf Paris heiraten, was sie jedoch ablehnt. Er droht ihr, sie zu verstoßen, wenn sie sich weiterhin weigert (Zeilen 65–70, 87–89, 99–107).
- Julia hofft auf den Beistand ihrer Mutter, aber diese wendet sich von ihr ab (Zeilen 108–116).
- Julia ist enttäuscht von ihrer Amme und vertraut ihr nicht mehr. Denn diese rät ihr, Romeo zu vergessen und Graf Paris zu heiraten, obwohl sie bisher Romeo wohlwollend zugetan war (Zeilen 122–127).
- Julia will sich an einen ihr bekannten Mönch wenden und diesen um Hilfe bitten. Aber sie weiß nicht, ob er ihr beistehen wird (Zeilen 128–129).
- Gräfin Capulet beugt sich zwar dem Willen ihres Mannes und weist ihre Tochter zurück, aber sie fordert auch Capulet auf, sich in seinem Zorn zu mäßigen (Zeilen 86, 97).

Seite 39

4 **a** Mögliche Lösungen:
Julia: langes, dunkelblondes Haar; blaue Augen; knapp 14 Jahre alt; mit zartem Teint; eher klein; grazile Bewegungen; langes, hellblaues Kleid aus Seide; Perlenohrringe
Romeo: etwa 17 Jahre alt, dunkles Haar; braune Augen; gutaussehend; auch nicht so groß; modisch gekleidet; aufrechter, dynamischer Gang

Graf Capulet: um die 60 Jahre alt; kräftig gebaut; schleppender Gang; graues, lichtes Haar; aufgedunsene Gesichtszüge; kleine, graue Augen; teure Kleidung; trägt einen kostbaren Gehstock, hinkt leicht
Gräfin Capulet: etwa 26/ 27 Jahre alt; elegant gekleidet; ebenmäßige Gesichtszüge; trägt kostbaren Schmuck und edle Kopfbedeckung (z. B. eine mit Goldfäden durchwirkte Haube)
Amme: ist mittleren Alters; stattliche Figur; gealterte Gesichtszüge; trägt eine Haube; einfach, aber adrett gekleidet; oft händeringende Bewegung; etwas kurzatmig

4 **b** Mögliche Lösungen:

Figur	Äußerungen/ Verhalten	mögliche Gedanken und Gefühle	mögliche Eigenschaften
Julia	weigert sich, Graf Paris zu heiraten „O süße Mutter, stoß mich doch nicht weg!" (Zeile 110) Ist auch enttäuscht über den Rat der Amme „Willst du schon gehn?" (Zeile 3)	Ich liebe nur Romeo! / Wie kann ich die Hochzeit verhindern? Warum wendet sie sich von mir ab? Ich will nichts mehr mit ihr zu tun haben! Werden wir uns wiedersehen?	will ihr Versprechen halten, treu sein ist enttäuscht, bleibt aber standhaft ist charakterstark / gibt nicht auf / fühlt sich verraten hat Angst, Romeo zu verlieren
Romeo	„Ich bleibe gern; …" (Zeile 19) „Leb wohl! Kein Mittel lass ich aus den Händen, …" (Zeilen 41/42)	Ich will nicht fort von Julia. Ich liebe sie! Ach, ich muss Julia jetzt verlassen! Unsere gegenseitigen Botschaften werden uns verbinden.	ist traurig, besorgt, liebt Julia einerseits verzweifelt, aber auch zuversichtlich
Gräfin Capulet	versucht Julia aufzuheitern ist verwundert über Julias ablehnendes Veralten „…, du gehst mich nichts mehr an." (Zeile 116) „Oh pfui! Seid ihr von Sinnen?" (Zeile 86)	Was hat sie nur? Warum will sie Paris nicht heiraten? Was wird mein Mann dazu sagen? Ich muss mich von ihr abwenden. Vielleicht kommt sie noch zur Vernunft! Er sollte sich mäßigen in seiner Wortwahl.	ist besorgt ist beunruhigt, gereizt ist enttäuscht, verärgert, wütend tritt beherrscht / beruhigend / beschwichtigend auf
Graf Capulet	„Ich sage dirs: zur Kirch auf Donnerstag, sonst komm mir niemals wieder vors Gesicht." (Zeilen 88–89)	Meine Tochter wagt es, mir zu widersprechen! Wenn Julia nicht gehorcht, dann werde ich sie verstoßen!	ist gereizt, zornig, außer sich vor Wut und Empörung

Amme	rät Julia, sie solle Graf Paris heiraten	Romeo wird nicht zurückkommen. Mit Graf Paris wird es Julia besser haben.	ist wankelmütig, wechselt die Seite fällt Julia in den Rücken ist auf Vorteil bedacht

4 **c** Mögliche Lösungen:
Romeo verwendet bildhafte Begriffe, z. B. eine Personifikation: „Die Nacht hat ihre Kerzen ausgebrannt." (Zeile 11), „Der Schmerz trinkt unser Blut." (Zeile 51) , er bezeichnet die Lerche als „Tagverkünderin" (Zeile 8).
Zusammenfassung: Romeos Sprache ist sehr bildhaft, anschaulich. Sie wirkt teilweise etwas melancholisch.
Julia verwendet häufig kurze Ausrufe, z. B.: „Es tagt, es tagt! Auf, eile fort von hier!" (Zeile 22). Sie verwendet auch Fragesätze, z. B.: „O denkst du, dass wir je uns wieder sehn?" (Zeile 43). Mehrfach beginnt sie ihre Rede mit „O...", z. B.: „O Gott, ich hab ein Unglück ahnend Herz, ..." (Zeile 46).
Außerdem benutzt sie bildhafte Wendungen, z. B. eine Personifikation: „Die Sonne hauchte dieses Luftbild aus, Dein Fackelträger diese Nacht zu sein, ..." (Zeilen 15–16)
Zusammenfassung: Julias Sprache macht ihre Liebe zu Romeo deutlich, aber auch ihre Angst und Ungewissheit. Ihre Sprache wirkt oft nervös, unruhig, aufgeregt.
Gräfin Capulet wählt ausdrucksstarke Adjektive, z. B.: „...Soll der hochedle, wackre junge Herr, Graf Paris, ... dich als frohe Braut ... ." (Zeilen 61–64).
Außerdem verwendet sie kurze Ausrufesätze, z. B.: „O pfui!" (Zeile 86) / „Ihr seid zu hitzig!" (Zeile 97).
Zusammenfassung: Gräfin Capulets Sprache wirkt anfangs vertrauenserweckend, aber eiskalt, als sie Julia zurückweist. Gegenüber ihrem Mann wirkt ihre Sprache etwas abschätzig.
Graf Capulet: Seine Sprache ist sehr drastisch, wie z. B.: „Rück nur auf Donnerstag dein zart Gestell zurecht, ..." (Zeile 81). Dabei steigern sich seine derben Ausdrücke und Aufforderungen, z. B.: Fräulein Zierlich (Zeile 79) – lose Dirne (Zeile 84) – Hexe (Zeile 96). Außerdem verwendet er viele Ausrufe- bzw. Aufforderungssätze, z. B.: „Geh mir zum Henker, widerspenstge Dirne!" (Zeile 87) , „Sprich nicht! Erwidre nicht! Gib keine Antwort!" (Zeile 90).
Zusammenfassung: Graf Capulets Sprache wirkt derb, ruppig und herzlos. Seine Wut über Julias Ablehnung der Heirat mit Graf Paris wird durch seine Sprache verdeutlicht.

4 **d** Mögliche Lösung:
Wenn die Nachtigall singt, ist es noch Nacht und die beiden Liebenden können noch zusammen sein. Aber wenn die Lerche singt, „die Tagverkünderin", dann müssen sie Abschied voneinander nehmen.

4 **e** Mögliche Lösung:
Obwohl die beiden noch sehr jung sind, haben sie sich unsterblich ineinander verliebt. Ihre Liebe muss eine harte Bewährungsprobe bestehen. Ohne Hilfe wird das für die beiden sehr schwer werden. Der Druck auf die beiden könnte zum Zerbrechen ihrer Liebe führen.

Seite 40

5 **a** Mögliche Lösung:
Einleitung:
Das Drama „Romeo und Julia" ist von William Shakespeare um 1596 verfasst worden. Shakespeare lebte von 1564 bis 1616 in England. Er war u. a. als Dichter und Schauspieler tätig. Der vorliegende Dramenauszug beinhaltet eine gekürzte Fassung der fünften Szene des dritten Aktes. Diese Szene ist sehr spannungsgeladen und emotional.

5 b Mögliche Lösung:
Inhaltsangabe:
In dem Dramenauszug führen Romeo und Julia ein Gespräch, in dem die beiden Liebenden ihre Zuneigung und Sehnsucht, aber auch ihre Ängste äußern. Im Morgengrauen muss Romeo Julia verlassen, weil er wegen des tödlich verlaufenen Kampfes mit Tybalt in die Verbannung nach Mantua gehen muss. Kurz darauf erfährt Julia in einem Gespräch mit ihren Eltern, dass sie in wenigen Tagen Graf Paris heiraten soll. Weil Julia sich dieser Heirat widersetzt, droht ihr Vater, Graf Capulet, sie zu verstoßen. Da Julia weder von ihrer Mutter noch von ihrer Amme Hilfe bekommt, will sie einen Mönch um Unterstützung bitten.

5 c Mögliche Lösung:
Interpretationshypothese (mit Begründung):
Der Dramenauszug lässt vermuten, dass die Liebe zwischen Romeo und Julia tragisch enden wird, weil sie aufgrund der Verbannung Romeos und der Heiratspläne der Capulets sowie ihrer miteinander verfeindeten Elternhäuser nicht zusammen sein können.

Seite 41

1 Mögliche Antworten:
Wann und wo hat Shakespeare gelebt? Was hat er geschrieben? War er ein guter Schauspieler? An welchem Theater war er tätig? Was ist über seinen Lebenslauf bekannt?

2 b Barth, Rafael: Blutiger William. Aus: Sächsische Zeitung, 1./2.02.2014, S. M5.
Oberst, Helmut: Shakespeare kennen lernen. Lichtenau: AOL Verlag, 2002, S.3.
William Shakespeare. Online im Internet: https://www.lektuere.com/biografie/william-shakespeare/ [04.08. 2023].
Mortimer, Ian: Shakespeares Welt. So lebten, liebten und litten die Menschen im 16. Jahrhundert. (Übersetzt von Karin Schuler.) München: Piper Verlag, 2020, S.16.

Seite 42

2 c Mögliche Lösungen:
William Shakespeare – Persönlichkeiten – Geschichte. Online im Internet: https://www.planet-wissen.de/geschichte/persoenlichkeiten/william_shakespeare/index.html [08. 01.2024].
Poppe, Rainer: Literaturwissen für Schüler. William Shakespeare. Ditzingen: Philipp Reclam jun. Verlag GmbH, 2000.
William Shakespeare – Weltliteratur – Bildungsserver-Wiki. Online im Internet: https://wiki.bildungsserver.de/weltliteratur/index.php/William_Shakespeare [08.01.2024]

2 d Mögliche Lösungen:
Ich möchte die beiden Quellen aus dem Internet für meine Facharbeit nutzen.
Der Online-Beitrag von https://www.planet – wissen.de / Planet Wissen bietet in Kurzform einen Überblick über das Leben und Schaffen Shakespeares. Zahlreiche Bilddokumente veranschaulichen diese Informationen. Außerdem gibt es mit dem Haupttext verlinkte Zusatzinformationen, z. B. zu berühmten Werken des Dichters oder zum Globe Theater. Die Texte sind klar strukturiert, gut verständlich und z. T. downloadbar. Diesen Beitrag werde ich als Grundlage für meine Facharbeit nutzen.
Der Artikel vom Bildungsserver-Wiki ist ebenfalls gut strukturiert aufgebaut und informiert auch über Leben und Werk Shakespeares. Über entsprechende Links kann man sich ausführlich beispielsweise über seine Werke informieren. Allerdings enthält der Beitrag kaum Bildmaterial, weshalb ich diesen Beitrag als zusätzliche Informationsquelle nutzen werde.

3 **a** X Der Dramatiker Christopher Marlowe – ein Zeitgenosse
Begründung: Es gibt keinen direkten Bezug, denn im Mittelpunkt des Hauptthemas steht das Leben und Wirken Shakespeares.

3 **b** Mögliche Lösungen:
Eigene Themen:
Informationen zum Drama „Romeo und Julia"
Shakespeares Popularität in unserer Zeit

3 **c** Mögliche Lösungen:
1 Einleitung
2 William Shakespeares Leben und dramatisches Schaffen
  2.1 Lebensdaten Shakespeares
  2.2 Shakespeares Dramen
    2.2.1 Übersicht zu seinem Dramenschaffen
    2.2.2 „Romeo und Julia"
    2.2.3 Ungebrochene Popularität seiner Dramen
3 Shakespeares Wirkungsstätte – das Globe Theater
  3.1 Fakten rund um das Globe Theater
  3.2 Shakespeares Wirken am Globe Theater
4 Geschichtlicher Hintergrund
  4.1 England im ausgehenden 16. Jahrhundert
  4.2 Bedeutung des Elisabethanischen Zeitalters für das Theater
5 Fazit: Shakespeares Bedeutung als Dramatiker
6 Anhang: Quellenverzeichnis, Selbstständigkeitserklärung

4 **a** Mögliche Lösungen:
Einleitung:
Thema der Facharbeit: Shakespeares bedeutsames Wirken als Dichter, Schauspieler und Theaterdirektor
Begründung der Themenwahl: Shakespeare ist seit mehr als 400 Jahren ein berühmter Dichter. Mich interessiert, was zu seiner Popularität geführt hat. Ich möchte die Vielseitigkeit Shakespeares darstellen.
Ziel der Facharbeit: Zur Klärung dieser Frage sollen Leben und Wirken des Dichters im Zusammenhang mit dem geschichtlichen Hintergrund untersucht werden.
Aufbau der Facharbeit: Einleitung / Hauptteil: Leben und Werk des Dichters – Fakten zum Globe-Theater – geschichtlicher Hintergrund – Fazit über die Bedeutung des Dichters als Dramatiker / Quellenangabe und Selbstständigkeitserklärung

Seite 43

4 **b** Mögliche Lösung:
Er ist bis heute ein Phänomen, geheimnisumwittert und auf den Bühnen der Welt präsent – William Shakespeare.

Seite 44

1 **a** Mögliche Lösungen:
Nomen/Substantive: das Kennzeichen, die Welt, die Ansicht, (die Unterbrechung, das Geschoss, der Baumeister ...); Adjektive: schief, berühmt, schräg (besonders, viel, außergewöhnlich ...) ; Verben: kennen, sein (ist), werden (erbauen, arbeiten, vermuten, stellen ...)

1 **b** Mögliche Lösungen:
überall, bereits, zunächst (heute, noch, jährlich, allerdings, weiterhin)

1 **c** das man überall kennt – Relativpronomen; das ermöglicht weiterhin – Demonstrativpronomen; das wohl bekannteste schiefe Bauwerk der Welt – bestimmter Artikel

1 **d** Mögliche Lösungen:
Possessivpronomen: **seine** schräge Ansicht (Z. 4), (sein besonderes Geschick, Z. 11) ;
Indefinitpronomen: **man** (Z. 3), (man Z. 8, 10, 13)

Seite 45

1 **a** vom Einsturz: (der Einsturz) Singular, maskulin – Wovon? – Dativ; die Wände: (die Wand) Plural, feminin – Wen oder was? – Akkusativ; für die Absenkung: (die Absenkung) Singular, feminin – Für wen oder was? – Akkusativ; das Bauwerk: Singular, neutrum – Wen oder was? – Akkusativ; der Hochgotik: (die Hochgotik) Singular, feminin – Wessen? – Genitiv

Seite 46

2 dem Nachempfinden; viel Interessantes und Sehenswertes; das Ernste; zu etwas Unwiderstehlichem

3 das Errichten; ehren, das Handeln; bei genauem Betrachten; gemeißelte; wiederaufzubauen; Im Ganzen; Das Symbolisieren

Seite 47

1 Personalpronomen: er, ich, wir, ihm; Possessivpronomen: meinen, unser; Demonstrativpronomen: dieser; Relativpronomen: die, welche; Interrogativpronomen: was; Reflexivpronomen: mich, sich; Indefinitpronomen: alle

2 **1** das (RP); **2** dass (KON); **3** dass (KON), das (RP); **4** dass (KON), das (DP); **5** dass (KON), das (DP)

Seite 48

1 Das Kind spricht nur mit den Personen, denen es vertraut. Viele schaffen sich E-Autos, die mit erneuerbaren Energien betrieben werden, an. Das Schülerpraktikum, das einen Einblick in das Berufsleben ermöglicht, ist ab der 8. Klasse verpflichtend. Das Geld, das ich für meinen Führerschein brauche, sparte ich zwei Jahre lang. Das Anschaffen eines Hundes, das mit viel Geld und Zeit verbunden ist, will wohl überlegt sein.

2 Mögliche Lösungen:
1 Maxim wollte sich für das Geschenk erkenntlich zeigen. **2** Meine Geschwister schreien sich gegenseitig an. **3** Ich bewege mich sehr vorsichtig vom Abgrund weg. **4** In der Diskussion hat sich meine Mutter vergessen und ist in Wut geraten. **5** Du vergewisserst dich, nichts vergessen zu haben.

Seite 49

1 **1** Perfekt, **2** Präteritum, **3** Präteritum, **4** Präteritum, **5** Präsens, **6** Futur I, **7** Futur II

2 **1** gilt, **2** erfand, **3** hat genommen, **4** hatten gehalten, **5** werden finden, **6** wird geworden sein

Seite 50

3 Mögliche Lösungen:
1 Da ich den Zug verpasst hatte, kam ich zu spät. **2** Nachdem ich die Treppe heraufgekommen war, öffnete ich die Tür. **3** Meine Eltern fuhren nach Frankreich, nachdem sie günstige Tickets bekommen hatten. **4** Obwohl es stundenlang geschneit hatte, fuhren keine Räumfahrzeuge. **5** Nachdem er die anderen am Treffpunkt gefunden hatte, war er froh. **6** Nachdem es dunkel geworden war, schaltete der Wächter das Licht ein.

4 **1** Ich werde mein Bild fertig gemalt haben. **2** Das Kind wird seine Süßigkeiten versteckt haben. **3** Niemand wird den Fehler im Text entdeckt haben. **4** Der Autor wird sein neustes Werk vorgestellt haben. **5** Die Familie wird sich in den Bergen erholt haben.

Seite 51

1 Modusform: Aktiv

2 (3) Ein geeigneter Raum wurde organisiert und die Aufgaben wurden verteilt. (4) Kuchen sollten von zwei Mädchen gebacken werden. (5) Zwei Jungen wurden von uns beauftragt, sich um die Pizza zu kümmern. (6) Getränke und Snacks mussten von anderen besorgt werden. (7) Sogar die Musikauswahl ist von uns genaustens besprochen wurden. (8) Außerdem wurde von uns lange diskutiert, welches Motto der Kostümauswahl zugrunde liegen sollte. (9) Nachdem von uns auch Ideen für die Raumgestaltung gesammelt worden waren, stand einer gelungenen Feier nichts mehr im Wege. (10) Das Motto für unsere nächste Feier wird schon bald von uns festgelegt werden.

Seite 52

1 Indikativ: finden statt; Konjunktiv I: müsse vorbereiten; Konjunktiv II: hätte ernst genommen; Imperativ: Passt auf

2 Jonas meint, er habe noch keinen Praktikumsplatz. Der Lehrer erwidert, er werde sein Praktikum im Theater absolvieren. Sein Banknachbar beschwert sich, dass er das doch schon mache. Der Lehrer freut sich, dass für seine Klasse noch ein Platz ermöglicht werde.

3 **1** bewegtest/bewegen würdest; **2** hätte, hielte/gehalten hätte; **3** käme, könnte/gekommen wäre/hätte ich teilnehmen können

Seite 53

1 **b** Mögliche Lösungen:
1 müsse, müsste; **2** sollte, solle; **3** wolle; **4** dürfe, dürfte; **5** könnte, könne

2 Alex fragt, ob er die Schulleiterin sprechen könne. Die Sekretärin fragt, worüber er denn mit ihr sprechen wolle. Das dürfe er ihr nur persönlich sagen, antwortet Alex. Dann müsse er ein paar Minuten warten, weist ihn die Sekretärin an.

Seite 54

1 Mögliche Lösungen:
heißen und trockenen; großem; intensive, erhebliche; ewige; gesamte; öffentlichen

2 **1** schlechter als; **2** schwieriger, geringer; **3** aufmerksamer; **4** zartesten; **5** höchste

3 Mögliche Lösungen:
z. B. tot, optimal, einzig – das sind absolute Eigenschaften, die ganz oder gar nicht gelten

Seite 55

1 **2** laufen – hinter: Wohin?/Akkusativ; warten – hinter: Wo?/Dativ; **3** fallen unter: Wohin?/ Akkusativ; hockt – unter: Wo?/Dativ

2 **1** Zum; **2** beim; **3** ans; **4** überm; **5** ins

3 **a** **2** auf dem; **3** unter die; **4** ins; **5** ans; **6** am

3 **b** Mögliche Lösungen:
ins Gras beißen = sterben; am Hungertuch nagen = arm sein

Seite 56

1 Ort: dahinter, darüber, darunter
Zeit: davor, immer, stets, vorläufig
Grund: darum, deshalb, deswegen, dadurch
Art und Weise: durchgehend, derart, solchermaßen, dergestalt, halbwegs

2 **1** gern – Art und Weise; **2** gut – Art und Weise; häufig – Zeit; **3** Morgens – Zeit; **4** tagsüber – Zeit; regelmäßig – Zeit; **5** oft – Zeit; **6** deshalb – Grund; bereits – Zeit

3 **a und b** **1** nie – immer; **2** häufig – selten; **3** kaum – oft; **4** manchmal – nie; **5** selten – oft

Seite 57

4 Mögliche Lösungen:
Ich wollte mindestens Dritte werden. Er war stets freundlich zu mir. Es ist durchaus nicht wenig Geld zusammengekommen. Er war wenigstens beim Nachschreibtermin gekommen.

5 **1** an, Woran; **2** mit, Womit; **3** beim (bei dem), Wobei; **4** für, Wofür; **5** gegen; Wogegen

6 **1** wonach; **2** wobei; **3** wofür; **4** worüber; **5** wovon

Seite 58

1 **a und b**
aufzählende Konjunktion: sowohl als auch, und
entgegenstellende Konjunktion: aber, denn
nebenordnende Konjunktion: wenn, oder
unterordnende Konjunktion: dass, weil

2 dass; Weil; sodass; ob; Denn; da

Seite 59

1 **a** Satz 2:4; Satz 3: 4; Satz 4: 4; Satz 5: 4; Satz 6: 5; Satz 7: 5; Satz 8: 5; Satz 9: 4; Satz 10: 4; Satz 11: 3

Seite 60

1 b Satz 3: kann sprechen; Satz 4: wird regiert; Satz 6: wird gelegt; Satz 8: darf sich bewegen; Satz 9: darf campen sowie sammeln

1 c

Satzglieder	Satz 1	Satz 2	Satz 3	Satz 4	Satz 5
S	ca. 10 Millionen Menschen	die schwedische Sprache	die Mehrzahl der Bevölkerung	das Land	die königliche Familie
P	leben	gilt	kann sprechen	wird regiert	übernimmt
AO		als offizielle Amtssprache	Englisch und Deutsch		repräsentative Aufgaben
PO				mithilfe eines Parlaments	
LB	in Schweden	in Schweden			
TB					überwiegend
KB			trotzdem		
MB				demokratisch	
A		offizielle	der Bevölkerung		„königliche repräsentative"

3 a und b

1 Im Winter (TB)/ muss (P)/ man (S)/ in Schweden (LB)/ auf Dunkelheit (PO)/ eingestellt sein (P).
2 Doch / der Tourist (S)/ wird (P)/ mit viel Schnee (PO)/ belohnt (P).
3 Ski oder Schlittschuh laufen, Hundeschlittenrennen oder Schneeschuhwanderungen (S)/ machen (P)/ den Winter (AO)/ im Norden (LB)/ zum Genuss (PO).
4 In Lappland (LB)/ kann (P)/ man (S)/ im Dezember oder Januar (TB)/ die faszinierenden Polarlichter (AO)/ sehen (P).
5 Für eine Reise (PO)/ in die Kälte (LB)/ sollte (P)/ man (S)/ sich (P)/ gut (MB)/ ausstatten (P).
6 Es (S / empfiehlt sich (P)/ im Winter (TB) lange, warme Unterwäsche (AO).
7 Warme Schuhe, Handschuhe und Mütze (S)/ runden (P)/ das winterliche Outfit (AO)/ ab (P).

Seite 61

1 a **1** Junge Leute (S.), lieben (fin. V.); es (S.), bedeutet (fin. V.); es (S.), kostet (fin. V.); **2** verbringen (fin. V.) viele (S.); sie (S.), bleiben (fin. V.); **3** Viele (S.), haben (fin. V.); sie (S.), wollen (fin. V.); **4** Eltern oder Großeltern (S.), bringen (fin. V.); holt (fin. V.), man (S.); sie (S.), fahren (fin. V.); **5** Der Großteil der Ausrüstung (S.), ist (fin. V.); müssen (fin. V.), die Jugendlichen (S.); sie (S.), können (fin. V.)

1 b Satz 2: Hs,Hs; Satz 3: Hs,Hs; Satz 4: Hs,Hs,Hs; Satz 5: Hs,Hs,Hs;

1 c Vor den Konjunktionen „und" bzw. „oder" kann man ein Komma setzen, muss man nicht.

Seite 62

❶ Satz 2: [...], der besonders gute Jugendbücher schreibt. (Hs, Ns 1.Grades)
Satz 3: [...], wobei einige davon ausgezeichnet wurden. (Hs, Ns 1.Grades)
Satz 4: [...], der 1996 den Deutschen Jugendliteraturpreis erhielt. (Hs, Ns 1.Grades)
Satz 5: [...], der auf der armen Seite der Bucht wohnt, weil seine Mutter alleinerziehend ist und nur über ein geringes Einkommen verfügt. (Hs, Ns 1.Grades, Ns 2.Grades)
Satz 6: Als er ein kleines Mädchen rettet, [...] (Ns 1.Grades, Hs)

Seite 63

❷ Subjektsatz, Adverbialsatz, Objektsatz, Attributsatz, Adverbialsatz, Adverbialsatz

Seite 64

❶ In Dresden kennt man auch das Blaue Wunder, eine eindrucksvolle Brücke über die Elbe.
Im Roten Rathaus, einem roten Backsteinbau in der Nähe des Alexanderplatzes, befindet sich der Sitz des Regierenden Bürgermeisters von Berlin.

Seite 65

❷ Mir ist es gelungen, ein mathematisches Rätsel zu lösen. / Die Familie diskutiert darüber, einen geeigneten Urlaubsort zu finden. / Anstatt mit dem Auto zu fahren, nehmen wir lieber das Rad.

❸ Frau Costa geht, von Unruhe geplagt, in ihre neue Klasse. / Verängstigt vom Feuerwerk, verzog sich der Hund unter die Bank. / Die Gruppe, vom Bad erfrischt, setzte ihre Wanderung fort.

❹ Meine Interessen sind vielseitig, z. B. lesen, wandern und im Chor singen. (2,1)
In Kroatien besuchten wir Hum, die kleinste Stadt der Welt, die gerade einmal über 30 Einwohner verfügt. (2, 5)
Meine Familie interessiert sich für Sprachen und außerdem wandern wir gern. (6)
Gestern besuchten wir Oma, um im Haushalt zu helfen, denn sie ist nicht mehr so gut zu Fuß. (3,6)
Als Vater, vor Kälte zitternd, vom Schneeräumen kam, ging er sofort unter die warme Dusche. (4,5)

Seite 66

❶ Meine Nachbarin versteht gut Englisch, sie spricht jedoch nicht gut. (Hs,Hs)
Nicht nur das Gedicht stammt von meiner Freundin, sondern auch das stimmungsvolle Bild hat sie gemalt. (Hs,Hs)
In meiner Familie lieben viele den Besuch von Konzerten, doch meine Mutter geht lieber ins Theater. (Hs,Hs)

❷ Deshalb sind Aufbewahrungskisten eine sinnvolle Anschaffung, denn sie schaffen Ordnung.
Zum bequemen Sitzen bieten sich Campingstühle an, auch Picknickdecken sind bei kühlerer Witterung angebracht.
Junge Leute gehen weniger in eine Gaststätte, sondern sie bereiten ihr Essen unmittelbar am Zelt zu.
Dazu benötigt man einen Gaskocher mit Gaskartusche, jedoch sollte man im Umgang mit diesen vorsichtig sein.
Als Erstcamper sollte man sich genauestens mit den Regeln auf dem Campingplatz vertraut machen, denn die Nichteinhaltung kann unschöne Folgen nach sich ziehen.

3 Mögliche Lösungen:
Die Herbstferien bieten sich für Ausflüge an, da das Wetter oft noch schön ist.
Wenn ein frischer Wind weht, freuen sich manche über Spaziergänge an der Küste.

Seite 67

1 1A; 2B; 3C

2 Mögliche Lösungen:
A – „Die Mayas gelten als Entdecker der Kaugummi-Masse." Diese Information wirft ein ganz neues Licht auf die Erfindung des Kaugummis.
B – Man fand heraus, dass der Kaugummi durch Handel und Forschung nach Nordamerika kam.
C – Den Siegeszug trat der Kaugummi an, als er als „Bonus beim Kauf von Backpulver" erhältlich war.

Seite 69

1 **b** Obwohl = Adverb; sie = Pronomen; deshalb = Adverb (Zeile 4); bereits 1937 = Temporalbestimmung (Zeile 5); allerdings = Adverb (Zeile 7); das = Pronomen (Zeile 8); leider = Adverb (Zeile 11); deshalb = Adverb (Zeile 13)

1 **c** Mögliche Lösungen:
Parataxe: Leider wurden die Geschwister beim Verteilen der Flugblätter bemerkt, deshalb wurden sie vom Hausmeister der Universität München, einem SA-Mann, angezeigt.
Hypotaxe: Wie viel Mut und Überzeugung Sophie besessen haben muss, können wir heute nur erahnen.

2 Mögliche Lösungen:
(1) Michel aus Lönneberga, eine von der Autorin Astrid Lindgren erfundene Figur, ist wohl jedem Kind bekannt. (H) (2) Die „Brailleschrift", die der 1809 geborene Franzose Louis Braille erfunden hat, ist besser bekannt unter dem Namen „Blindenschrift". (H) (3) Das Haltbarmachen von Milch, das sogenannte „Pasteurisieren", geht auf den Erfinder Louis Pasteur zurück, von dem wenige wissen, dass er einen Impfstoff gegen Tollwut entwickelte. (H) (4) Wer weiß Genaueres über Alfred Nobel? Dieser wurde mit der Erfindung des Dynamits reich. (P) (5) Bertha von Suttner, die eine enge Vertraute von Alfred Nobel war, animierte ihn zum Einsatz seines Geldes in der Friedensbewegung. (H) Ihr wurde 1901 der erste Friedensnobelpreis verliehen.

Seite 70

1 1A; 2B; 3B; 4A; 5A; 6B

Seite 71

2 Mögliche Lösungen:
Satz 1: Nachdem Marvin seine Prüfungen erfolgreich absolviert und seine Abschlusszeugnisse erhalten hat, legt er, bevor er seine Ausbildung beginnt, eine längere Erholungspause ein.
Satz 2: Mit seinen Freunden sucht er Erholung auf einem Campingplatz in Mecklenburg-Vorpommern.

3 (2) jüdische Abstammung; (3) Wechsel zum Christentum (wegen möglicher Anfeindungen); (4) frühes Interesse am Dichten/Schreiben; (5) 1831 Umzug nach Paris (wegen freierem Leben); (6) ab 1835 Verbot seiner Werke (in Deutschland); (7) Entwicklung der Freundschaft zu Karl

Marx; (8) Zusammenarbeit: politische Zeitschrift; (9) seit 1848 schwere Erkrankung; (10) 1856 Tod in Paris

❹ Mögliche Lösungen:
Nominalstil: (1) Prägung der Werke Heines durch Epoche der Romantik; (2) Hauptvertreter der Vormärzliteratur wegen politischer Haltung; (3) Übertritt zum Christentum wegen Anfeindungen als Jude
Verbalstil: (1) Werke geprägt durch Epoche Romantik; (2) zählt zu Vormärzliteratur (polit. Haltung); (3) trat zum Christentum über

Seite 72

❶ das zentrale Organ des Menschen, dort befindet sich die „Seele", Ort für Gefühle
angenehm, warm, Freude und gute Stimmung verbreiten
etwas Kantiges, Eckiges, Verletzendes, Piksendes
wenig sichtbar sein, kaum zu sehen, nicht mehr zu sehen
Kälte verlieren, warm werden, sich anfreunden
sich unsichtbar machen, nicht mehr wahrnehmbar
kalt, abweisend, unangenehm

Seite 73

❷ **a** nichts begreifen; etwas Unangenehmes ertragen; unbedacht handeln, sich unbeliebt machen; eine Aufgabe leicht lösen; jemandem für eine Sache Glück wünschen/an die Person denken; sich indirekt, vorsichtig ausdrücken; beim Vortrag oder Sprechen nicht mehr weiterwissen oder vom Thema abkommen

❸ **a und b** auf den Mond schießen – über jemanden verärgert sein; die Welt nicht mehr verstehen – fassungslos sein; durch dick und dünn gehen – immer füreinander da sein; auf die Palme bringen – jemanden wütend machen; Dampf ablassen – sich beruhigen; rotsehen – sehr wütend werden, ohne Vernunft handeln; sich etwas abschminken – einsehen, etwas ist unmöglich; ein Auge werfen auf – an jemandem/etwas interessiert sein; treulose Tomate – unzuverlässiger Mensch; blaumachen – schwänzen, nicht kommen; verschossen sein – in eine Person verknallt/verliebt sein; ins Lot kommen – in Ordnung kommen

Seite 74

❹ pfiffig/clever sein und sich in allen Lebenslagen zurechtfinden; eingeschnappt sein; ängstlich sein; eine Vorahnung haben; eine falsche Idee verfolgen; Druck aufbauen/erhöhen; keinen Ausweg haben; lustig/humorvoll sein

❺ den Sack zumachen; der Haken einer Sache; auf seine Kappe nehmen; einen Zahn zulegen

❻ **a** Ehrenrunde – etwas wiederholen müssen; Problemabfall – Giftmüll; Gebrauchsspuren – abgenutzt und kaputt; kostenintensiv – teuer; verkehrsgünstig – laut und dreckig; Gänsewein – Wasser; Ordnungshüter – Polizist; verhaltensoriginell – verhaltensauffällig

Seite 75

❻ **b** Mögliche Lösungen:
Man möchte jemanden nicht verletzen. Oder man möchte etwas besser darstellen, als es ist (beschönigen). Man möchte etwas verschleiern (verbergen).

7 **a und b** Rentnerschwemme – „zu viele", sehr viele Rentnerinnen und Rentner – besser: viele Menschen im Rentenalter; Humankapital – Menschen, aber nur wirtschaftlich (ökonomisch) betrachtet; Sozialtourismus – Einwanderung wegen höherer Sozialleistungen – besser: Einwanderung aus wirtschaftlichen Gründen; Ich-AG – Einzelunternehmen eines/einer ehemals Arbeitslosen – besser: Selbstständigkeit, Eine-Person-Unternehmen; alternative Fakten – Falschbehauptungen; besser: Lügen/Unwahrheiten

7 **c** Mögliche Lösung:
Ein Unwort ist ein Wort, das die eigentliche Bedeutung verschleiert und oft diskriminierend, ausgrenzend und polarisierend wirkt.

Seite 76

1 der Bienenstich: Kuchen oder der Stich eines Insekts; das Gericht: Speise oder Personen der Rechtsprechung; die Mine: Stollen im Bergwerk oder Sprengkörper oder Teil eines Schreibgeräts; der Strom: Fluss oder Elektrizität oder Bewegung von Massen, z. B. Menschen; die Bremse: Insekt oder Teil zum Stoppen eines Fahrzeuges; die Gabel: Teil des Bestecks oder Teil vom Rad oder Teil vom Baum; der/die Hut: Kopfbedeckung oder Vorsicht; der Flügel: Gliedmaßen bei Vögeln oder besonderes Klavier; die Weide: Baum oder große Grünfläche für Zuchttiere

2 **b** Mögliche Lösungen:
Meine Mutter kleidet sich modern. Die Birnen modern vor sich hin.
Der Tenor singt sein Lied wunderschön. Im Gespräch war der Tenor durchgehend freundlich.
Ich kann mit dem Problem umgehen. Ich muss das Hindernis umgehen.

Seite 77

1 Zusammensetzungen: Schultage, Sommerferien, Schulgebäude, aufgeheizt, Freibäder, Fünftklässler, Begrüßungsprogramm, anzulegen, Klassenklima, angenehm, Lernkanäle
Ableitungen: Schülerinnen, anstrengend, stickig, verbracht, Wanderungen, Umgebung, Besichtigung, Sehenswürdigkeiten, Thüringer, typische, gesammelt, entwickelt, genutzt

2 Mögliche Lösungen (Auswahl):
Nomen/Substantive: die Sportwette, das Eislaufen, das Trockeneis, der Kirschkern
Adjektive: geräuschvoll, traumreich, langweilig, traditionsreich
Verben: aufwärts laufen, nachspielen, zusammenrücken, zusammenschließen

Seite 78

3 blutrot, senfgelb, kornblumenblau, klatschmohnrot, eisblau, erdbeerrot, kirschrot, zitronengelb, nachtblau, taubenblau, grasgrün, sonnengelb, veilchenblau, mausgrau, kohlrabenschwarz, aschgrau, schneeweiß, rosenrot

4 Mögliche Lösungen:
die Wohnung – wohnlich – bewohnen; die Neuigkeit – neulich – erneuern; die Schreibung – unbeschreiblich – verschreiben; der Tanz – tanzbar – vertanzen; die Deutung – deutlich-verdeutlichen; der Kämpfer – kämpferisch – bekämpfen; die Liebe – lieblich – verlieben; die Bebauung – baulich – bebauen; die Prüfung – prüfbar – überprüfen

5 die Fuhre, der Kuss, der Schuss, der Guss, die Flucht, der Gruß, der Schluss, der Fluss, ein Muss

6 die Unvernunft, missdeuten, entgiften, entsichern, entwöhnen, antizyklisch, ungünstig, antiautoritär, die Missgunst

Seite 79

1 Mit dem Lösen/~~lösen~~ von Rätseln hält sich meine Oma fit. / Vor dem Schwimmen/~~schwimmen~~ sollte man nicht ~~Essen~~/essen. / Während des Arbeitens/~~arbeitens~~ bitte nicht ~~Stören~~/stören.

2 **a** **1** Auf unserer Exkursion stöhnten einige, vor allem **beim Wandern** auf den Brocken. **2** Doch an **ein Weglaufen** war nicht zu denken. **3** Vermeiden wollten wir **das Wegwerfen** von Müll in der Natur. **4** **Durch Aufstellen** von Schildern wollten wir für Aufmerksamkeit sorgen. **5** Wir hoffen, dass **unser Bitten** Erfolg haben wird.

Seite 80

2 **b** an ein Weglaufen, an ein schnelles Weglaufen, an ein sehr schnelles Weglaufen
das Wegwerfen, das unnötige Wegwerfen, das unnötige und sorglose Wegwerfen
das Bitten, das inständige Bitten, das sehr forsche Bitten

3 **a** Mögliche Lösung:
1 Heute geschah wirklich **nichts Aufregendes**. **2** In dem neuen Kinofilm gab es **wenig Spannendes**. **3** Mein Bruder kocht heute Abend **etwas Leckeres**. **4** In unserer Diskussion sagt Rico **viel Scharfsinniges**. **5** bei unserer Nachtwanderung passierte **allerlei Seltsames**.

3 **b** Mögliche Lösung:
2 Die Dokumentation zeigte nur **wenig Unterhaltsames**. **3** **Alles Neue** betrachte ich zunächst skeptisch. **4** **Das wirklich Tolle** ist, dass bald wieder Ferien sind.

Seite 81

3 c Mögliche Lösung:
Bei Ausflügen entdeckt man manches Interessante. / Lauter lustige Geschichten sprudelten aus ihm heraus. / Etliche Menschen sahen das Theaterstück.

4 **a**

1. Kannst du nach dem Mähen/~~mähen~~ bitte noch im Erdbeerbeet das Unkraut ~~Jäten~~/jäten?
2. Ich trage lieber etwas Einfarbiges/~~einfarbiges~~, dieses Kleid ist mir zu ~~Bunt~~/bunt.
3. Beim Chatten/~~chatten~~ merke ich einfach nicht, wie die Zeit ~~Vergeht~~/vergeht.
4. Es gibt nichts Schlimmeres/~~schlimmeres~~, als ständig nur das Negative/~~negative~~ zu sehen.

4 **b**
Nominalisiertes Verb:
1 nach dem Mähen / Begründung: bestimmter Artikel als Begleiter, kommt vom Verb „mähen"
2 beim Chatten / Begründung: Präposition als Begleiter
Nominalisiertes Adjektiv:
etwas Einfarbiges / Begründung: unbestimmtes Zahlwort als Begleiter
nichts Schlimmeres / Begründung: unbestimmtes Zahlwort als Begleiter
das Negative / Begründung: bestimmter Artikel als Begleiter

Seite 82

5 Mögliche Lösungen:
Das Folgende wird euch vielleicht erstaunen. / Im Übrigen habe ich gestern beim Basketballtraining mehr Körbe als du geworfen. / Nach langem Hin und Her hat sie sich für London entschieden. / Vor Kurzem habe ich mich für dieses Praktikum entschieden.
Im Folgenden gehe ich auf die Bedeutung des Werkes ein. / Das Übrige von dem Essen nehme ich einfach mit.

6 1 Gestern bin ich am Morgen tatsächlich zu spät zur Schule gekommen **2** Es ist ein Leichtes, dieser Diskussion ein Ende zu bereiten. **3** Im Großen und Ganzen bin ich gut auf diese Klassenarbeit vorbereitet. **4** Sein Lachen gefällt mir sehr. Sie hat in dieser Situation am schnellsten reagiert.

Seite 83

1 **a** **1** Das Runde muss in das Eckige. **2** Es gibt nichts Gutes, außer man tut es. **3** Das Angenehme mit dem Nützlichen verbinden. **4** Alles Gescheite ist schon gedacht worden.

1 **b** Mögliche Lösung:
1 das Eckige – das auffallende Eckige; **2** nichts Gutes – nichts außergewöhnlich Gutes; **3** das Angenehme – das besonders Angenehme; mit dem Nützlichen – mit dem wirklich Nützlichen; alles Gescheite – alles extrem Gescheite

2 **a** **1** einen Vorschlag in Betracht ziehen, **2** im Folgenden Beispiele aufzählen, **3** den Text im Wesentlichen verstanden haben, **4** im Allgemeinen ganz zufrieden sein, **5** die Strecke ohne Weiteres bewältigen, **6** bis auf Weiteres herzlich grüßen, **7** im Großen und Ganzen fertig sein

2 **b** Mögliche Lösungen:
2 im Folgenden – Im Folgenden werden wir eure Beispiele aus dem Test aufzählen. **3** im Wesentlichen – Wir überprüfen nun, ob ihr den Text im Wesentlichen verstanden habt. **4** im Allgemeinen – Ihr könnt mit eurer Leistung im Allgemeinen ganz zufrieden sein. **5** ohne Weiteres – Die vorgegebene Strecke kann ohne Weiteres bewältigt werden. **6** bis auf Weiteres – Du kannst sie bis auf Weiteres herzlich von mir grüßen. **7** im Großen und Ganzen – Im Großen und Ganzen werdet ihr in der nächsten Woche mit dem Projekt fertig sein.

Seite 84

1 **a** **1** Heute Nachmittag müssen wir unbedingt einkaufen gehen. **2** Ich bin so krank und kann nicht arbeiten gehen. **3** Nach seinem Unfall musste er wieder laufen lernen. **4** Die Erinnerung an dieses Erlebnis wird haftenbleiben. **5** Wollen wir morgen schwimmen gehen? **6** Das werde ich dir noch hundertmal sagen müssen.

Seite 85

1 **b** 1. einkaufen gehen, 2. arbeiten gehen, 3. laufen lernen, 4. haften bleiben, 5. schwimmen gehen, 6. sagen müssen

1 **c** **1** Wir können den Schrank an dieser Seite stehen lassen. **2** Dieses Argument kann ich so nicht stehenlassen. **3** Wichtig ist, dass wir auf diesem Niveau nicht stehenbleiben. **4** Bei Gelb kannst du nicht mehr fahren, du musst stehen bleiben. **5** Er hat seinen Kollegen einfach links liegenlassen. **6** Du sollst den großen Stein liegen lassen. **7** Wenn du so müde bist, musst du halt liegen bleiben. **8** Wenn du nicht bald in die Werkstatt fährst, wirst du mit dem Auto noch liegenbleiben.

1 **d** Mögliche Lösungen:
In diesem Hotel kann ich mich richtig fallenlassen. Du hast das Ei fallen lassen. / Du kannst dein Geld steckenlassen. Den Schlüssel können wir ruhig stecken lassen. / Dieser Spruch wird ewig haftenbleiben. Wenn du das Papier nicht wegnimmst, wird es haften bleiben. / Er wird auf seinen Schulden sitzenbleiben. Wir müssen noch warten und alle sitzen bleiben.

Seite 86

2 Mögliche Lösungen:
2 umgehen – ein großes Wasserloch umgehen, umgehen – mit Messer und Gabel umgehen können; **3** durchkämmen – ein Waldstück nach Spuren durchkämmen, durchkämmen – die langen Haare durchkämmen; **4** durchschauen – seine Absichten durchschauen, durchschauen – durch ein Fernglas schauen

3 a **1** Rad fahren ist für mich der ideale Sport. **2** Ich trainiere viel und kann auch an den Wochenenden an Wettkämpfen teilnehmen. **3** Bei der Anmeldung zum Rennen muss man mitunter Schlange stehen. **4** Während eines Radrennens muss man wirklich Acht geben. **5** Die Konkurrenten mit der eigenen Taktik irreführen, und gleichzeitig dem schnellen Tempo standhalten, ist schwer zu handhaben. **6** Als Ausgleich treibe ich auch gern anderen Sport wie Seilspringen, Tennis spielen, Bergsteigen oder im Winter Ski fahren. **7** Mit mir kann man daher nur schwer Schritt halten. **8** Vor jedem Training muss ich Essen kochen, denn Kohlenhydrate sind für einen Sportler wichtig. **9** Aber heute bin ich total erschöpft. Ich werde wohl morgen nicht das Rad nehmen, sondern Bus fahren. **10** Gestern ging es einem Freund ähnlich, ich habe ihn heimbringen müssen.

3 **b** Mögliche Lösungen:
Die Pandemie lässt die ganze Welt kopfstehen. / Dieses Wissen kann sie auf keinen Fall preisgeben. / Sie ist in der letzten Nacht wieder schlafgewandelt. / Ihr größter Traum war Cello spielen. / In armen Ländern müssen viele Kinder Not leiden. / Betrunken darf man kein Auto fahren. / Keiner muss Angst haben, zu versagen.

4 a **1** Musst du immer gleich rotsehen? **2** Ich würde die Wand gern gelb streichen. **3** Man kann nicht ständig schwarzsehen. **4** Morgen werde ich blaumachen. **5** Man kann seine Weste nicht immer weißwaschen.

4 **b** **2** Die Deutschprüfung ist ihr sehr leichtgefallen. **3** Er ist umgeknickt und leicht gefallen. **4** Sie ging in den Keller, weil sie den Sekt kalt stellen wollte. **5** Mit dieser Aussage hat er seinen Konkurrenten kaltgestellt. **6** Es wird schon alles gutgehen. **7** Diesen Abend können wir gern bald wiederholen.

4 c Mögliche Lösung:
Es ist gut möglich, dass ich falschliege. / In diesem Bett konnte man nur falsch liegen.

Seite 88

1 a **1** Nach der Arbeit werden wir sicher müde sein. **2** Mit deinem Ergebnis kannst du zufrieden sein. **3** Alle werden glücklich sein, dich zu sehen. **4** Endlich können wir wieder beisammen sein. **5** Hoffentlich werde auch ich dann schon mit der Arbeit fertig sein. **6** Es wird schon alles gutgehen. **7** Diesen Abend können wir gern bald wiederholen.

1 **b** Mögliche Lösungen:
1 An diesem Abend werden wir lange auf sein. **2** Du solltest immer für mich da sein. **3** Dabei sein ist alles. **4** Der Rotkohl wird wohl hinüber sein. **5** Beim Essen können wir alle beisammen sein. **6** Es wird schon alles gutgehen. **7** Diesen Abend können wir gern bald wiederholen.

2 **b** Mögliche Lösungen:
Irgendwas ist immer. / Der Ball muss doch irgendwo sein. / Irgendwann werden wir uns wiedersehen. / Mit dem Drucker ist irgendetwas nicht in Ordnung. / Es muss doch irgendjemand wissen, wie wir hier rauskommen.

❸ **b** Mögliche Lösungen:
Die Spritze hat ein bisschen weh getan. / Können wir noch einmal nach Spanien fahren? / Die Geschichte ist an diesem Punkt zu Ende. / Erst einmal möchte ich mich ausruhen. / Das kann ich wirklich gar nicht. / Dieser Ring hat gar keinen Wert. / Wie viel kostet das Kilo Äpfel? / Er war so schnell verschwunden, dass ich nicht auf Wiedersehen sagen konnte.

❸ **c** **1** Gar nicht wird gar nicht zusammengeschrieben. **2** Noch einmal schreibt man zweimal. **3** Ein bisschen wird kein bisschen großgeschrieben.

Seite 89

❶ **a** Courage – Mut; Balance – Gleichgewicht; Kalkül – Berechnung; Jargon – spezieller Wortschatz; Misere – Notlage; Disput – Streit, Meinungsverschiedenheit; Marotte – seltsame Angewohnheit

❶ **b**

engagieren	das Engagement	mitarbeiten, sich einbringen
revanchieren	die Revanche	heimzahlen, sich erkenntlich zeigen
arrangieren	das Arrangement	sich absprechen
abonnieren	das Abonnement	bestellen
plädieren	das Plädoyer	sich für etwas aussprechen

❶ **c** Mögliche Lösungen:
eine Zeitung abonnieren, Courage zeigen, in Balance bleiben, für einen Freispruch plädieren, einen unverständlichen Jargon sprechen, ins Kalkül ziehen, sich in einer Misere befinden

Seite 90

❷ **a**
é: Café, Varieté, Soufflé, Frappé, Rosé, Charité / ée: Frisée, Chicorée, Cuvée, Entrée / ee: Resümee, Chausee, Gelee, Frikassee, Poree, Püree, Frottee, Separee

❷ **b** Mögliche Lösungen:
Ein **Varieté** ist ein Theater mit einem bunt wechselnden Programm, bei dem es artistische, akrobatische, tänzerische und musikalische Darbietungen geben kann. **Chicorée** ist ein Gemüse, das man als Salat essen kann. **Püree** ist ein Brei von z. B. passiertem Gemüse. Die **Charité** ist das traditionsreichste Krankenhaus Berlins und gehört zu den größten Universitätskliniken Europas. Ein **Resümee** ist eine kurze Zusammenfassung und gibt das wichtigste Ergebnis von etwas wieder.

❸ **b**

1 die Konifere, 2 die Koryphäe	1 Nadelgehölz, 2 eine Person, die auf einem bestimmten Gebiet außergewöhnliche Fähigkeiten besitzt
3 die Galeere, 4 die Galerie	3 gerudertes Kriegsschiff des Mittelalters, 4 ist eine für den Verkauf von Kunstwerken genutzte Räumlichkeit
5 die Bouillon, 6 der Blouson	5 durch Auskochen von Fleisch/Gemüse gewonnene Brühe, 6 kurze, enganliegende sportliche Jacke
7 das Relais, 8 das Palais	7 automatische Schalteinrichtung, 8 repräsentatives, schlossartiges Gebäude

❸ **c** Mögliche Lösungen:
Der Garten meiner Eltern besitzt viele schöne Pflanzen und Blumen, Koniferen sind auch dabei. / Meine Eltern wollten mich im Urlaub in mehrere Galerien schleppen. / Auf dem Gebiet der Mathematik ist sie eine echte Koryphäe. / Heute Abend koche ich eine starke Rinderbouillon. / Schlösser, Palais und Herrenhäuser anderer Länder besichtige ich mit großem Interesse.

4 Wenn meine Familie einen Trip nach Frankreich plant, bin ich happy. Zuerst stellt sich die Frage: Ferienwohnung oder Hotel? Ich finde alles cool. In diesem Jahr fiel die Entscheidung auf eine kleine Pension. Morgens sitze ich gern in einem Café, genieße ein knuspriges Croissant und schaue aufs Meer. Der Atlantik ist für viele eine wahres Surferparadies. Später in der Diskothek kann ich mich beim Tanzen richtig auspowern. Dafür style ich mich richtig auf. Make-up und auffällige Accessoires sind das A und O. Im letzten Jahr hatte ich sogar ein Rendezvous. Wir haben den ganzen Abend geflirtet.

Seite 91

1 Abschnitt 1 Trinkwasser – ein unverzichtbares Lebensmittel / Abschnitt 2 Der Kampf ums Wasser weltweit / Abschnitt 3 Auswirkungen des Klimawandels auf den Wasservorrat / Abschnitt 4 Wasser – ein Problem in Deutschland? / Abschnitt 5 Klimaschutz geht jeden an

Seite 92

2 Wasserressourcen sind Wasservorräte. Wenn diese immer knapper werden, sind die negativen Auswirkungen auf Ernährung, Landwirtschaft und Industrie enorm. Trinkwasser ist zudem für Menschen lebensnotwendig. Die Wasserressourcen sind durch Verschmutzung, Wasserknappheit und Klimawandel bedroht.

3 Das Hauptthema des Textes beschreibt den Umgang mit Wasser weltweit. Die Ressource Trinkwasser ist für die Menschen wichtig, weil es ein unverzichtbares Lebensmittel ist. Im ersten Teil wird auf weltweite Probleme im Kampf um das Wasser eingegangen. Herausforderungen liegen im Zugang zu sauberem Trinkwasser, im Behandeln von Krankheiten durch verschmutztes Wasser, in fehlenden Sanitäreinrichtungen und mangelnder Hygiene. Im Folgenden werden Auslöser für Wassermangel und mögliche Auswirkungen benannt: Auch der Klimawandel hat Auswirkungen auf die Wasserressourcen, denn Dürren, Überschwemmungen und Stürme gefährden diese. Zur Situation in Deutschland recherchierte ein Wirtschaftsjournalist, der den drohenden Wassernotstand in unserem Land darstellt. Abschließend kann man sagen, dass jeder Einzelne einen Beitrag im Umgang mit Wasser leisten kann.

Seite 93

4 Mögliche Lösung:
Im Alltag komme ich in folgenden Situationen mit Wasser in Berührung: Beim Zähneputzen mache ich den Wasserhahn an. Beim Duschen benötige ich relativ viel Wasser. Zur Zubereitung von Speisen ist auch Wasser nötig, z. B. wenn wir Kartoffeln kochen oder Salat waschen.

5
1 In einigen Regionen Deutschlands seien die Menschen bereits mit den negativen Folgen des Wassermangels konfrontiert.
2 Die Zeiten, in denen Wasser immer und überall verfügbar sei, gingen zu Ende.
3 Er sagte, dass zu den größten Wasserverbrauchern die Energieversorger gehörten.
4 Mineralwasserhersteller würden mit dem Verkauf von Trinkwasser extrem hohe Gewinne erzielen.
5 Eine neuangesiedelte Fabrik zur Autoproduktion im Bundesland Brandenburg verbrauche z. B. so viel Wasser wie eine Stadt mit 40 000 Einwohnern.

Seite 94

6 Mögliche Lösungen:
Dusche nicht so lange! / Bewässere den Garten mit Regenwasser! / Befülle die Waschmaschine

ganz! / Duscht mal, anstatt zu baden! / Benutzt den Stopper an der Toilettenspülung!

7 Mögliche Lösungen:
Der Garten soll von euch bewässert werden! / Die Waschmaschine soll von euch ganz befüllt werden! / Der Stopper an der Toilettenspülung soll von euch benutzt werden!

8 Wenn das Wasser immer knapper wird, könnten die Auswirkungen immer fataler werden. Kraftwerke würden weniger Strom produzieren oder müssten abgeschaltet werden.

9 **1** Täglich sterben mehr als 1000 Kinder unter fünf Jahren an Krankheiten, die durch verschmutztes Wasser, fehlende Sanitäreinrichtungen und mangelnde Hygiene verursacht werden. (Zeilen 7–9) / **2** Es gilt als Naturprodukt und wird zu einem hohen Prozentsatz aus Grund- und Quellwasser gewonnen. (Zeile 1–2) / **3** Viele laufen kilometerweit, um an sauberes Trinkwasser zu gelangen. (Zeilen 6–7)

Seite 95

10 Wasser ist eine durchsichtige, weitgehend farb-, geruch- und geschmacklose Flüssigkeit, die bei 0°C gefriert und bei 100°C siedet sowie hauptsächlich aus einer Wasserstoff-Sauerstoff-Verbindung besteht.

11 Zu einem umfassenden Wassermanagement gehört, dass für die Industrie Anreize zum Wassersparen geschaffen werden müssen. Die Landwirtschaft sollte vom großflächigen Besprühen der Ackerflächen zu zielgenauer Tröpfchenbewässerung übergehen. Die Wasserversorgung darf nicht privatisiert werden. Aber das Wichtigste ist, dass die öffentliche Trinkwasserversorgung immer Vorrang vor allem anderen Verwenden des Wassers hat.

12 **a** Mögliche Lösungen:
(vom = von dem) großflächigen Besprühen (Verb); das Wichtigste (Adjektiv)

12 **b** Mögliche Lösungen:
zum Wassersparen; vor allem anderen Verwenden

Seite 96

13 Gegenstände, ... verunreinigen/verseuchen: kontaminieren; weltumspannend/umfassend: global; maßlos, ausschweifend: exzessiv; Erhaltung, Förderung und Festigung der Gesundheit: Hygiene; Schädlingsbekämpfungsmittel: Pestizide; unangenehm, folgenschwer: fatal

14 Mögliche Lösungen:
bewässern, Bewässerung, entwässern, verwässern, Abwasser, Wasseraufbereitung, Wasserleitung, Wasservergeudung, wasserartig, wässrig, wasserdurchlässig

15 Mögliche Lösungen:
Das Abwasser wird abgepumpt und die verstopften Rohre sind wieder frei.
Das stetige Bewässern der Felder ist wichtig, damit die Ernte gut ausfällt.

16 Mögliche Lösungen:
nah am Wasser gebaut sein – beim kleinsten Anlass weinen
kein Wässerchen trüben können – nichts Böses/Unrechtes tun
mit allen Wassern gewaschen sein – eine Person, die sich mit allen Mitteln durchsetzt
ins kalte Wasser werfen – jemandem ohne Vorkenntnisse eine Aufgabe oder einen Posten geben
das Wasser steht jemandem bis zum Hals – jemand steckt in Schwierigkeiten
jemandem nicht das Wasser reichen können – nicht so gut sein wie jemand anders in einer Sache
Stille Wasser sind tief. – Eine ruhige Person weist überraschende Fähigkeiten auf.
Das ist nur ein Tropfen auf dem heißen Stein. – Das bewirkt nicht viel.